传承·启航

东南大学生命科学与技术学院
"百年生物"纪念文集

韩俊海　洪宗训　主编

东南大学出版社
SOUTHEAST UNIVERSITY PRESS
·南京·

图书在版编目（CIP）数据

传承·启航：东南大学生命科学与技术学院"百年生物"纪念文集 / 韩俊海，洪宗训主编 . -- 南京：东南大学出版社，2022.5
ISBN 978-7-5766-0127-5

Ⅰ . ①传… Ⅱ . ①韩… ②洪… Ⅲ . ①东南大学生命科学与技术学院 – 纪念文集 Ⅳ . ① G649.285.31-53

中国版本图书馆 CIP 数据核字（2022）第 085611 号

责任编辑：李成思　责任校对：韩小亮　封面设计：毕　真　责任印制：周荣虎

主　　编	韩俊海　洪宗训	
出版发行	东南大学出版社	
社　　址	南京四牌楼 2 号　邮编：210096	
网　　址	http://www.seupress.com	
电子邮件	press@ seupress.com	
经　　销	全国各地新华书店	
印　　刷	南京艺中印务有限公司	
开　　本	700 毫米 ×1000 毫米　1/16	
印　　张	12	
字　　数	156 千	
版　　次	2022 年 5 月第 1 版	
印　　次	2022 年 5 月第 1 次印刷	
书　　号	ISBN 978-7-5766-0127-5	
定　　价	80.00 元	

（本社图书若有印装质量问题，请直接与营销部调换。电话（传真）：025-83791830）

序

我们中国人，对于生命的关注，由来已久。在河南临汝阎村出土的一块古代的彩陶片上，绘制着一幅鹳衔鱼的图像，显示中国人早在约 5 000 年前，就对生物圈现象有了浓厚的兴趣。

我们中国人，对生命科学也有自己的重要贡献。达尔文在研究物种起源和发展时，就从《本草纲目》中汲取了丰富的资料，并在著作中对中国金鱼的选择过程和原理给予了很高的评价。

我们东南大学，是现代中国生命科学的重要发源地之一。早在 20 世纪头一二十年，东南大学即与北京大学、清华大学、燕京大学、北京协和医学院、浙江大学、武汉大学、山东大学和中山大学等院校，开办现代生物学专业，培养生物学人才。

1914 年至 1915 年间，留美学人任鸿隽、秉志等人，在美国发起成立中国科学社，并筹划在国内出版《科学》杂志。1918 年中国科学社总部从美国迁回中国，将南京办事处设在南京高等师范学校。

1921 年，秉志在南京高等师范学校－国立东南大学建立了第一个由中国学者主持的大学生物系。秉志（动物学）、陈桢（动物遗传学）、胡先骕（植物分类学）、钱崇澍（植物分类学）、伍献文（鱼类学）和蔡翘（生理学）等国内众多大学者云集四牌楼校区，他们在此辛勤耕耘，撒下现代生命科学的种子。

1922 年 8 月，中国科学社委托秉志、胡先骕和杨铨筹建中国第一个生物学研究机构——中国科学社生物研究所。在南京北极阁下，秉志出任第一任所长。这是中国现代最早的专门的生物学研究机构。

今天仍然伫立在东南大学四牌楼校区的中央大学

生物馆，是中国第一个生物学教学实验基地。建筑物正面门廊上镌刻的史前恐龙和三叶草图案，见证了沧桑的历史。

1952 年我国高校院系调整，原东南大学（经历中央大学、南京大学发展时期）生物学科随医学院迁出，组建华东军区军医学院。后几经更名为南京铁道医学院，杨焕明院士、贺林院士是其毕业生中的杰出代表。2000 年 4 月，南京铁道医学院等校与东南大学合并组建新的东南大学。

依托强大的工科优势和不断增强的综合实力，古老枝干生出新芽，展现出不平凡的生命力，以遗传学为核心的东南大学生物学科展现出蓬勃生机。2009 年东南大学成立生命科学研究院，2019 年研究院建制撤销，又新组建生命科学与技术学院。这标志着东南大学生命科学学科群在新时代的浪潮中再次启航。

读史可明智，鉴古可知今。值此中国第一个生物学专业和学科成立一百周年以及东南大学百廿校庆之际，东南大学生命科学与技术学院牵头，搜罗学科史料，梳理学人事迹，着意弘扬先辈精神，启迪后学奋进。这是一件有历史价值和现实意义的工作，我愿借《传承·启航》这块地方，表示赞赏和支持。我们中国人在新时代生命科学的研究上，必将作出更多更大的贡献，这其中必定会有属于我们东南大学的篇章。

王世浚口述，谢维执笔整理

王世浚为东南大学遗传学教授，生于 1917 年，时年一百又五岁

目录 | Contents

岁月留影

生命科学与技术学院历史沿革

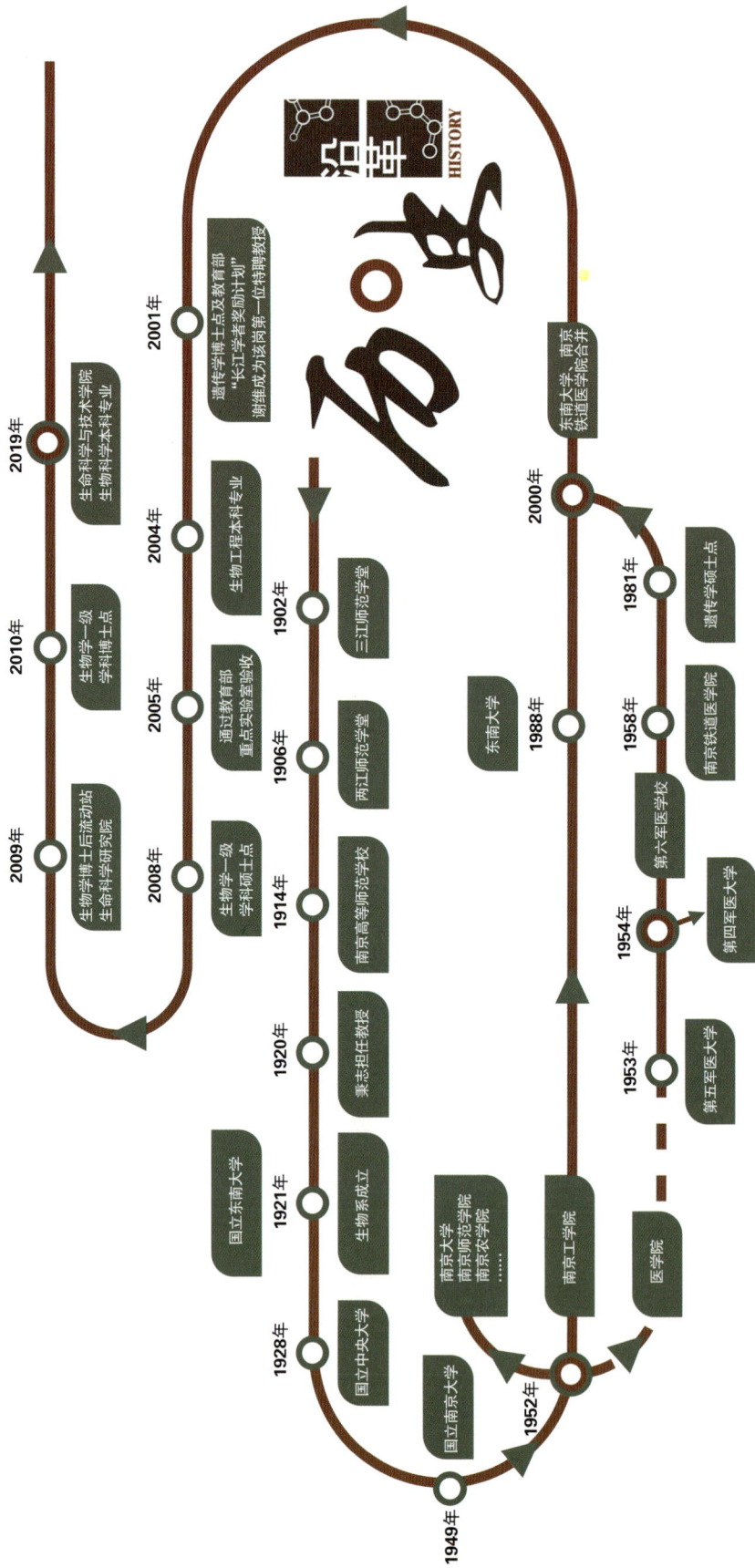

沿革 HISTORY

2019年 生命科学与技术学院 生物科学本科专业

2010年 生物学一级 学科博士点

2009年 生物学博士后流动站 生命科学研究院

2001年 遗传学博士点及教育部 "长江学者奖励计划" 谢维成为该岗第一位特聘教授

2004年 生物工程本科专业

2005年 通过教育部 重点实验室验收

2008年 生物学一级 学科硕士点

1902年 三江师范学堂

1906年 两江师范学堂

1914年 南京高等师范学校

1920年 秉志担任教授

1921年 生物系成立

国立东南大学

1928年 国立中央大学

国立南京大学

1952年 南京大学 南京师范学院 ……

南京工学院

医学院

1949年

2000年 东南大学、南京铁道医学院合并

1988年 东南大学

1981年 遗传学硕士点

南京铁道医学院

1958年 第六军医学校

1954年 第四军医大学

1953年 第五军医大学

东南大学生命科学与技术学院发展历程

1902—1954 年

◎ 张子超　选编

　　1917 年 2 月，金陵大学农林科邹秉文教授受时任南京高等师范学校教务长郭秉文教授之邀开始帮助筹备南京高等师范学校农科，制定章程、物色教授。7 月，邹秉文教授受聘为南京高等师范学校农业专修科主任兼植物病理学教授，另聘请原颂周为农场主任兼作物学教授，接收前两江师范学堂农博科所遗留的成贤街田地。1918 年，增聘胡先骕为植物学兼园艺学教授，张天才为畜牧学教授。1919 年，增聘张巨伯为昆虫学教授、邓植仪为土壤学教授。1920 年，张天才、邓植仪辞职，增聘秉志为动物学教授、葛敬中为园艺学及蚕桑学教授、孙恩麐为作物学兼棉作主任技师、汪德章为畜牧学教授、李炳芬为农具学教授。

　　1921 年，南高师农科改组，改称国立东南大学农科；秉志教授创建了中国第一个生物系，并根据国内生物教学的实际，编写了教材。此时农科分六系：生物系、农艺系、园艺系、病虫害系、畜牧系、蚕桑系。增聘过探先为作物学教授兼棉作改良推广委员会主任，叶元鼎、王善佺为作物学教授兼棉作技师，钱崇澍为植物学教授。1922 年，聘加州农科大学昆虫学系主任吴伟士（C. W. Woodworth）为昆虫学教授，胡经甫、张海珊为昆虫学教授，盘珠祁为土壤学教授，杨炳勋为作物学教授，吴耕民为园艺系教授。1922年，秉志与胡先骕、杨铨（杏佛）共同建立我国第一个生物学研究机构——中国科学社生物研究所，秉志任所长。1923年，盘珠祁、胡经甫、杨炳勋辞职，增聘加州农科大学文德博士（E. C. VanDyke）为昆虫学教授、黄国华为蚕桑学教授、戴芳澜为植物病理学教授、姚醒黄为土壤学教授、罗清生为兽医学教授、王太乙为园艺教员。1924年，钱崇澍、王兆麒辞职，吴伟士、文德期满回国，增聘谢家声为教务主任兼病虫害系主任教授、许震宙为作物学教授兼棉作技师、唐启宇为农业经济学教授。1925年，过探先、汪德章辞职。1924—1925年，受江浙战事和"易长风潮"影响，经费枯竭。

1926年，张巨伯、原颂周、李炳芬、黄国华辞职，增聘郝坤巽（郝象吾）为作物学教授、张景钺为植物学教授、常宗会为蚕桑学教授、何畏冷为园艺学教授、邹树文为昆虫学教授、范贲为园艺学教员。这一年为了学术发展起见，生物系分为动物系和植物系两系。

至此，历经9年半的困难发展，东大农科由最初的2名教授、2名职员，发展成拥有28名教授、79名职员的完备的农科院。当时的教授教员有：邹秉文、谢家声、唐启宇、胡先骕（植物系主任）、陈焕镛、张景钺、秦仁昌、陈桢（动物系主任）、秉志、曾省、王善佺（农艺系主任）、孙恩麐、叶元鼎、郝坤巽、许震宙、顾复、范贲（园艺学主任）、吴耕民、王曾元、张天才（畜牧系主任）、罗清生、葛敬中（蚕桑系主任）、常宗会、邹树文、张海珊、戴芳澜、何畏冷、方炳文。

1927年6月，国民政府接管后，效仿法国教育制度，颁行大学区制，以原国立东南大学为基础，将其和江苏的河海工科大学、江苏法政大学、江苏医科大学、南京工业专门学校、南京农业学校、苏州工业专门学校和上海商科大学、上海商业专门学校等9所高校组合成国立第四中山大学。

1928 年 2 月，第四中山大学改名为国立江苏大学，5 月改称国立中央大学，设八大学院，改自然科学院为理学院、社会科学院为法学院，哲学院撤院改系，归属文学院，文教农工商医六院不变。

1935 年 5 月，国立中央大学开设医学院，以知名内科专家戚寿南为院长，延聘了著名学者蔡翘、郑集、张查理、童第周、于光远、林飞卿等任教；9 月招收第一届六年制医学本科生，同时开办四年制牙医专科。1936 年，医学院基础部在南京四牌楼落成，陆续成立了生化学研究室、结构学科解剖室、生理实验室及组胚、神经等学科的共用实验室，同时修建牙科楼。1937 年，全面抗战爆发，中央大学各学院内迁重庆，医学院师生则迁至成都和华西大学医学院、齐鲁大学医学院合班上课。当时预科任教者有张钰哲、李景成、陈义、俞大纲等知名教授。

1945 年 8 月，日本无条件投降。1946 年 5—7 月医学院随中央大学本部学生由水陆两路迁回南京,医学院院部和基础各科在丁家桥地区分部（称为中央大学二部）继续教学。

1947 年，中央大学医院迁到丁家桥新址。至此，医学院已有 3 个学部：基础、临床和社会医学部；3 个研究所：生理、生化、公共卫生研究所；2 个教学医院：大学医院和牙症医院。

1949 年 4 月，南京解放，南京军管会接管中央大学，8 月中央大学改名为国立南京大学。

1950 年 10 月，国立南京大学更名为南京大学，此时有 6 个学院 37 个系、4 个专修科，生物系归属理学院。

1951 年 1 月，南京大学医学院建制属华东军政委员会卫生部，同时由华东军区卫生部代管。任命蔡翘为院长、耿希晨为副院长，开始教学改革。

1952 年开始院系调整。原南京大学工学院留在四牌楼原址，命名为南京工学院；原南京大学文理学院迁出，和金陵大学的相关院系合并，称南京大学，以原金陵大学为校址。原南京大学生物学科耿以礼、欧阳翥、陈纳逊、郑集、朱浩然等知名教授留任南京大学。1952年1月，南京大学医学院改名为华东军区军医学院，3月改为中国人民解放军第三军医学院，学制改为四年或五年的专科重点制及四年制的口腔专业。

1953年3月，中央军委正式命名医学院为中国人民解放军第五军医大学，次年学制改为五年制普通医学系和四年制口腔医学系。

1954年，第五军医大学西迁西安后，留下部分教学人员、医护人员、物资器材以及校产，在此基础上与第五、第六、第七3个军医中学合并，共同组建了第六军医学校。

本文主要参考文献为：《国立东南大学农科概况》《南京大学史》《南京大学校史资料选辑》《第四军医大学校史资料选编》《南京铁道医学院史志》。

东南大学遗传学学科发展回顾与展望
——纪念江苏省遗传学会成立 40 周年

◎ 李默怡　罗卓娟　樊红

  遗传学是一个古老而发展迅速的基础学科，基于细胞或生物个体的基因结构、功能及其表达模式的研究，解析生物遗传性状的传递和变异规律。遗传学理论与技术已经渗透到生物学及其相关的学科领域，成为理解生命本质最重要的基础学科。我国遗传学研究从初始到如今的蓬勃发展已有百年历史。江苏省遗传学会也历经了几十年的峥嵘岁月。在纪念江苏省遗传学会成立 40 周年之际，回顾我国遗传学的发展历程，看到了东南大学遗传学发展的历史身影。

  东南大学的前身历经三江师范学堂、两江师范学堂、南京高等师范学校、国立东南大学、国立中央大学、国立南京大学等历史阶段。中国历史上第一个生物系与生物馆由秉志先生创立于南高师与国立东南大学时期 (1921 年)，这标志着中国遗传学发展的开端。时任生物系主任秉志先生，在昆虫学、神经学、动物区系分类学、解剖学、形态学、生理学及古动物学等领域均做了许多开拓性工作，他对进化理论也深有研究。1922—1926 年，陈桢博士担任该生物系主任。陈桢博士是著名的动物遗传学家，于 1921 年获得美国哥伦比亚大学硕士学位后，跟随著名遗传学家托马斯·亨特·摩尔根专攻遗传学，归国后开始用金鱼为研究对象开展遗传学的研究，首次报道了鱼类表型的遗传规律。经过新中国成立后的几次学科布局调整，中央大学医学院的大部分迁至西安，余部在原址上独立为南京铁道医学院。

改革开放以后的 20 余年，南京铁道医学院（2000 年与东南大学、南京交通高等专科学校合并组建新的东南大学）遗传学学科，先后在王世浚、单祥年等教授的带领下，在国内率先跨入分子遗传学领域，探索从患者组织、细胞中寻找与疾病关联基因或突变区域。王世浚、单祥年、高翼之、叶银英、张丽珊等，先后在染色体异常与疾病、线粒体 DNA (mtDNA) 突变与人类疾病、单基因遗传疾病的基因诊断及遗传异质性、原癌基因和抑癌基因突变与体细胞突变肿瘤、性别决定基因及相关疾病的病因学、人类恶性肿瘤的基因治疗研究等方面开展了研究，获得多项国内外先进的研究成果；蒋清、鲁晓瑄、黄鹰等建立了分子探针杂交、线粒体 DNA 分析和脉冲场电泳等先进技术，保证了上述研究计划得以实施。该期间，学科培养了以杨焕明院士、贺林院士为代表的一批研究生，多数已成为国内外有重要影响的遗传学专家。

进入 21 世纪，随着人类基因组计划的完成，遗传学理论与技术广泛渗透，进入了新纪元。2000 年，谢维教授回国，在单祥年、张丽珊、鲁晓瑄等老师的帮助下，接掌校友杨焕明教授兼职南京铁道医学院时成立的"遗传中心"，学科方向从"表型与基因型关联"研究到探索"基因如何决定表型"的发育的遗传控制机制。2001 年，遗传学成为东南大学第一个生命科学领域的博士学位授权点和教育部"长江学者奖励计划"特聘教授岗；2003 年，"发育与疾病相关基因"教育部实验室获准筹建；2004 年，建立了"生物工程"本科专业；同年牵头组织省内同行成立了中国第一个发育生物学学会——江苏省发育生物学学会。近 20 年，东南

南京铁道医学院生物学教研室

1984 年合影

从左到右：

一排　张丽珊　叶银英　陶　敏　茅一萍

二排　张　雁　付琴仙　彭曼群　鲁晓瑄

三排　蒋　青　王世浚　杨焕明　严　明

四排　高翼之　单祥年　贺　林　盛晓阳

大学遗传学科 / 生物学，在谢维、张建琼、赵春杰、方明、樊红、韩俊海、刘向东等教授的共同努力下，先后培养与引进了国家杰出青年基金项目主持人 4 名、四青人才 6 名；主持科技部 973/ 重点研发计划 2 项、基金委重点项目 10 余项；在神经突触发育及神经网络连接的遗传控制、新皮层发育的调控、本能行为的环路机制、转录调控对生命早期细胞命运的调控、毛细胞发育与分化调控、干细胞与肿瘤的表观遗传机制、肿瘤逃避免疫监视和神经遗传疾病的病理机制等方面，涉及脑发育及认知障碍疾病、肿瘤等人类疾病的多层次研究，取得了重要进展。培养博士生、硕士生 300 余名，曾宪坤、金俊飞、林承棋等多名毕业生已成为国内外科研院所的教授／研究员和产业界的中坚力量。

2019 年，东南大学在多年积累的基础上，成立了生命科学与技术学院，韩俊海教授任院长，林承棋、潘玉峰、柴人杰、罗卓娟、王苏等一批后起之秀，以现代遗传学为基础，对早期胚胎发育的表观遗传控制，心、脑等组织器官发育的遗传控制，与自闭症等相关的情感认知与行为等神经高级活动的发生机制，干细胞与恶性肿瘤等发育相关疾病的深入研究，尤其是转化研究，将是本学科的研究重点，以期为遗传发育相关疾病的精准诊疗、易感性分析等提供理论基础与实验证据。

本文 2021-03-15 网络首发于《遗传》期刊，因篇幅有限，略去参考文献。感谢东南大学鲁晓瑄、黄庆海、张建琼和谢维等老师在本文撰写过程中提供的珍贵资料和所给予的大力支持。

东南大学生命科学与技术学院发展历程

2000—2009 年

◎ 耿俊华　编写

2000—2004 年

根据国务院文件精神，2000 年 4 月 14 日东南大学、南京铁道医学院、南京交通专科学校合并，南京地质学校并入，组建新的东南大学。原南京铁道医学院基础部的数、理、化、外语和体育等公共基础教研室划归相应的院系，留下的医学基础学科成立基础医学院。基础医学院第一届领导班子由张玉汉任党委书记，卜陕安任副书记，曾水林任院长，黄镛、张建琼任副院长。其间，刘汉义、邓红于不同时期担任副院长。

一、学科建设

2001 年学院对原有教研室进行了重新组合，成立了病理学与病理生理学系、人体解剖与组织胚胎学系、生物化学与分子生物学系、生理学与药理学系等 4 个学系，再加上原有的病原生物学与免疫学系等组成五大学系。同年，成立了基础医学教学实验中心（校级中心），挂靠基础医学院管理。

该实验中心下设 3 个教学实验分中心：医学形态学教学实验分中心、医学机能学教学实验分中心和生物化学教学实验分中心。

为加强学科建设和对外学术交流，学院成立了分子医学研究所，下设遗传学研究中心、基因工程与基因疫苗研究中心。聘请谢维任分子医学研究所所长、张建琼任常务副所长（兼）、孟继鸿任副所长。

2003 年，基础医学院新增生物工程（本科）专业，结束了基础医学院无本科专业设置的历史，学院积极为新专业学生创造良好的学习环境和氛围，努力创建一流的专业教学。

2000 年，遗传学学科被国务院学位委员会批准为博士学位授权点，并获批为教育部"长江学者奖励计划"特聘教授设岗学科，成为东南大学生命科学领域第一个博士学位授权点。遗传学学科成为江苏省重点建设学科。遗传学、病原生物学、病理学 3 个学科获东南大学"振兴行动计划"学科建设项目立项资助。

课程建设硕果累累，"医学生物学""病理学"被评为江苏省二类优秀课程，获东南大学教学成果一等奖。

教学研究项目也出现了大幅增长的良好势头。13 项网络课程（如"解剖学""生理学""生物化学"）、多媒体课件建设项目和 3 项教材建设项目获得学校专项基金资助，其中"生物化学"获校网络课程建设一等奖和省二等奖。

学院积极争取国家"985 工程""211 工程"的支持，统筹资源，加强硬件建设，优化实验平台，为科研和学科建设、发展提供物质保障。

二、队伍建设与国际交流

加强人才引进，提高教师队伍素质。2004 年底，学院共有在职职工130 余人，其中专任教师 79 人，包括教授 14 人、副教授 20 人。先后从国内外引进赵春杰教授、沈传陆教授、窦非教授、王大勇副教授等高层次人才，形成遗传与发育生物学良好团队。

加强学术交流和国际合作基地建设。进一步加强同国内外的学术交流，邀请了加拿大多伦多大学、德国德累斯顿大学、美国贝勒医学院等大学的专家来学院进行学术交流。作为发起人参与筹建了江苏省发育生物学学会，协办了江苏省发育生物学南京会议，会同江苏省发育生物学学会和加拿大多伦多大学生理系举行双边会议。与加拿大多伦多大学签订了合作协议，与美国 Roswell Park 肿瘤研究所合作开展人类白细胞抗原（HLA）与肿瘤方面的研究，成立国际"HLA 表达与肿瘤"中国研究中心。

鼓励和做好青年教师在职进修的工作，申请国外留学 1 人、高级访问学者 3 人。

三、人才培养

随着办学条件改善和师资队伍壮大，学生招生培养规模逐年扩大。2004 年招收了第一届 32 名生物工程专业新生；2000 年至 2004 年期间，基础医学院共招收本科生 32 人、研究生 203 人。2004 年 9 月接收来自尼泊尔等国家的首批留学生 10 人，开创了东南大学医学院留学生教育的办学历史。

加强教学改革和教学研究工作。鼓励教职工积极申报教学研究课题，开展教学管理、教学模式、教学方法的改革探索。《本科临床医学专业"病理学"教学改革与实验》《针对重大医学突发事件的医学改革与实践》获东南大学教学成果二等奖。

四、科学研究

2000 年至 2004 年，承担各类项目 129 项，其中国家杰出青年基金 1 项、国家"973"项目二级课题 1 项、国家"863"项目子课题 2 项、国际（NIH）合作项目 1 项。

加强科研基地建设。2003 年 12 月，东南大学省部共建"发育与疾病相关基因"重点实验室获准建设;"基因诊断与基因治疗"实验室获批为江苏省卫生厅"135工程"重点实验室;与生物医学工程系合作成立了"生物相容性研究所",在纳米材料的研究方面进行了深入合作研究。

2002年,孟继鸿教授主持的《戊型肝炎病毒血清型的研究》获江苏省科技进步二等奖。

五、综合管理和精神文明建设

学院积极组织职工参加智力运动会等群众文体活动,为教职工的身心健康提供锻炼机会。大力改善实验室及教师的科研办公环境,积极争取科研用房,并进行合理调配,基本满足重点实验室和其他科研基地的需要。

加强学生的综合素质培养,关心学生的全面成长成才。及时了解学生的思想动态,有针对性地对学生进行面上及个别的教育疏导工作,充分发挥学生党团组织作用,开展有益于学生进步、发展和身心健康的各类集体活动。2004年3月,与南京红十字会共建大学生素质教育基地。

2004年,基础医学院被东南大学授予"安全保卫责任制工作先进单位"和"治安综合治理工作先进单位"称号。

2005—2009 年

2005年5月,第二届领导班子成立,姜亚辉任党委书记,姜平波任副书记,谢维任院长,黄镛、张建琼、邓红、刘汉义任副院长。其间毛惠西(2007—2008年)、曾水林(2008—2009年)先后接任党委书记一职,李新荣、姜平波、曾水林、王立新分别于不同时期任副院长。

一、学科建设

统筹学科布局,提升学科整体实力。免疫学学科获批为博士学位授权点，生物学和基础医学获批为一级学科硕士学位授权点。江苏省"十五"重点建设学科（遗传学）顺利通过终期考核，成为江苏省"十一五"重点建设学科。

任命方明教授为生物工程专业办公室主任；出台了科研性导师工作实施细则；开始生物工程专业的实习基地建设。在"武书连大学排行榜"中，东南大学基础医学院生物工程专业在全国 178 所开设生物工程专业的大学中排名第三。

东南大学"发育与疾病相关基因"省部共建教育部重点实验室通过验收；"基因诊断与基因治疗"实验室被评为江苏省"135 重点实验室"；学校聘任谢维教授担任重点实验室主任。

"基础医学实验教学示范中心"项目建设通过"985 工程"二期公共基础与创新平台专家论证，总经费为 750 万元。

课程建设呈现良好态势。"病理学"课程获江苏省二类优秀课程，"生物学""病理学"获得校一类优秀课程，"生理学"获校二类优秀课程。"细胞及分子神经科学基础""现代组织病理学技术"等课程获研究生精品课程建设资助。出版教材《疫苗工程学》《生物化学实验指导》《网络医学信息应用》《病理学》。在江苏省教育厅高校第三届"天空教师杯"多媒体教学课件比赛中获得二等奖 1 项（杨宁等）、三等奖 1 项（谢维等）、好课件奖 1 项（苏宁等）。

2008 年召开生物工程专业人才培养研讨会，提出"医""工"结合的专业发展方向，初步形成以"知识单元为核心"进行生物工程专业课程设置这一改革思路。

二、队伍建设与国际交流

5 年来，共引进包括韩俊海教授、方明教授在内的学者和青年博士 17 人，聘请国内外知名学者为我校客座、荣誉和兼职教授。如聘请美国约翰斯·霍普金斯大学医学院 Paul Fuchs 教授、日本群马大学原田彰宏教授为我校客座教授；聘请日本科学院院士广川信隆教授为我校荣誉教授；聘请南开大学校长、中国科学院院士饶子和教授为我校兼职教授。

窦非教授获霍英东教育基金会第十届高等院校青年教师奖（研究类三等奖），入选教育部"新世纪优秀人才"支持计划；孟继鸿教授被评为江苏省"六大人才高峰"培养对象；樊红副教授入选江苏省"青蓝工程"优秀青年骨干教师培养对象。

积极组织青年教师参加学校授课竞赛，获东南大学教学奖一等奖者 1 人、二等奖的 3 人，获青年教师授课竞赛三等奖的 5 人，为青年教师早日成才、脱颖而出创造了条件。

进一步加强国内外学术交流，邀请美国耶鲁大学发育生物学家钟伟民教授、贺林院士、王红阳院士、施蕴渝院士、巴德年院士、饶子和院士、日本科学院院士广川信隆教授、英国剑桥大学布莱德利教授、美国华盛顿大学 Maynard Olson 教授、美国 Roswell Park 肿瘤研究所 Soldano Ferrone 教授等来学校讲学。

三、人才培养

5 年间，共招收本科生 163 人、研究生 195 人。

在"生物工程专业"的课程教学中进行改革试点，推行主干课程负责人制度，制定了《东南大学基础医学院课程负责人制度实施办法（试行）》，并率先在"微生物学""解剖与生理学""发育生物学""免疫生物学"4 门课程中实行全院招聘负责人制，并对该专业的教学计划做了较大幅度修订。在"模式生物学"课程教学中，探索外聘专家授课的方式，效果显著，学生反应强烈。

"生物工程"专业实习基地总数达到 9 个，分别是江苏先声药业有限公司、南京中脉科技发展有限公司、南京工业大学国家生化工程技术研究中心、江苏金丝利药业有限公司、淮安麦德森化学有限公司、江苏恒顺集团有限公司、南京凯基生物科技发展有限公司、医药生物技术国家重点实验室（南京大学）、东南大学发育与疾病相关基因教育部重点实验室，其中应用研究型综合基地 5 家、应用型 2 家、研究型 2 家。

四、科学研究

2005 年至 2009 年，承担各类项目 292 项，赵春杰教授、窦非教授分别获得 2006 年度国家杰出青年基金项目和海外、港澳青年学者合作研究基金（杰出青年基金 B）项目资助；赵春杰教授获得国家"973"首席领衔项目 1 项、国家"863"项目 1 项；陈平圣教授、袁榴娣副教授获 DAAD 资助；窦骏教授获江苏省"六大人才高峰（医药）"项目资助。

2006 年，成功承办了"教育部高等学校生物技术、生物工程类专业教学指导分委会"年会。

五、综合管理和精神文明建设

学院党委一贯重视党务工作。2005 年，谢维获全校"十佳党员"称号。2007 年，遗传学与发育生物学系获省级和校级两级"巾帼文明示范岗"称号；姜平波被评为东南大学"优秀党务工作者"；龚文涛被评为东南大学"优秀共产党员"；病原生物学与免疫学系党支部被评为东南大学"先进党支部"；院工会荣获 2007 年东南大学"工会工作先进集体"。

积极组织师生参加社会实践活动。如"志友林"纪念活动和南京红十字会组织的纪念活动。因在全国十运会志愿者服务工作中表现突出，纪静老师被团省委评为"十运会志愿者服务优秀个人"，2 名学生被评为"十运会杰出志愿者"，31 名学生被评为"东南大学十运会优秀志愿者"。

加强引导，教育同学们树立"爱校、爱院、爱医"和"立志、立品、立人"的"三爱""三立"精神，加强学生常规管理工作。2005 年，基础医学院和丁家桥校区团委共同举办的"语言文字应用能力竞赛"，被校团委评为全校 13 个"精品活动"之一。

积极探索富有成效的文化素质教育和创新能力培养活动。开展了以"爱的教育"为主题的系列活动，《扬子晚报》等媒体以较大篇幅给予了报道，搜狐网、新浪网也进行了转载。该活动在校内外引起了较大反响。

在第十二届校园文化月中，我院代表队参加校史、校情知识竞赛，以第二名身份进入决赛，在决赛中荣获第四名；本科生党支部以"毒品，危害社会；吸毒，损人害己；党员，从我做起"为主题开展的党日活动，获得东南大学 2005—2006 年度"最佳党日活动"三等奖；2004 级研究生党支部暑期开展的党日活动"苏北四日：研究生医疗下乡"，在全校研究生"最佳党日活动"评比中，荣获二等奖；433051 班"规范使用，心系他人：请爱护图书"团日活动被评为学校"十佳团日活动"；411041 班连续两年获得学校"特级团支部"荣誉称号，并获得 2005—2006 年度"江苏省先进班集体"称号；411051 班获得 2005—2006 年度学校"先进班集体"称号。

2008 年四川汶川等地发生地震灾情后，学院在职与退休职工首次捐款31 370 元之后，107 名师生党员又慷慨解囊，缴纳特殊党费 37 515 元。

东南大学丁家桥校区综合楼

感谢校长办公室姜平波主任和档案馆张魁老师在素材收集方面给予的帮助

东南大学生命科学与技术学院发展历程

2010—2020 年

◎ 笙　梧　执笔整理

　　2009 年 11 月，在实施跨越式发展战略的背景下，东南大学成立致力于高水平科学研究的直属单位——生命科学研究院。10 年后，研究院实现新跨越，于 2019 年 6 月获批新建生命科学与技术学院。研究院时期领导班子成员为院长谢维，直属党支部书记洪宗训（2009—2012 年）、邱振清（2012—2020 年），副院长赵春杰（2009—2012 年）、韩俊海（2014—2019 年）。学院现领导班子成员为党委书记洪宗训，院长韩俊海，副院长柴人杰、潘玉峰。

一、科学规划

　　建院初期制定了中长期发展规划，提出"三个高地"（即"高水平人才聚集的高地、一流科研成果产生的高地、创新型人才培养的高地"）和到"十三五"末期建成国际有影响的生命科学研究院（学院）的建设目标，明确实行 PI 制、双轨双聘等创新机制的发展思路。2010 年 9 月，研究院科研基地"发育与疾病相关基因"教育部重点实验室迁驻四牌楼校区，新驻地总建筑面积达 3 234 平方米，为未来发展奠定了坚实的硬件基础。2015 年，制定研究院"十三五"发展规划，力求通过体制创新，建立国际一流的研究机构。学院党政目前正贯彻落实中共十九届五中全会精神，围绕学校"1-10-100"的东大梦，科学制定"十四五"发展规划。

二、学科建设

2010 年成功申报获准设立"生物学"一级学科博士点。"遗传学"作为江苏省"十五"和"十一五"资助的重点学科通过江苏省教育厅组织的中期检查，获 A 档好成绩。生物学学科 2011 年在江苏省"十二五"期间重点学科遴选中获高分通过，2016 年又被评为江苏省"十三五"优秀学科。以生物学为支撑的生物学与生物化学、神经生物学与行为学、药理学和毒理学、环境生态学、分子生物学与遗传学等 6 个学科的 ESI 排名已进入全球前 1%。依托"发育与疾病相关基因"教育部重点实验室公共研究平台的建设，已建立生物图像分析、蛋白质与抗体分析、生物化学与分子生物学、动物行为分析等诸多研究平台。

三、队伍建设与国际交流

近年来一大批高层次人才加盟学院，到 2020 年底，学院已有教职员工 55 人，其中教授 11 人、副教授 8 人、讲师 5 人；年龄结构以中青年教师为主，45 岁以下的教师占比高达 83.9%。现有"长江学者"2 人、"青年长江学者"1 人、国家杰青 2 人、科技部领军人才 1 人、中组部"青年千人"5 人、国家优青 2 人、"百千万人才工程"1 人、江苏省特聘教授 2 人、江苏省杰青 5 人。在 2019 年东南大学人事工作会议上，学院作为"人才工作先进集体"受到表彰。学院广泛邀请国内外知名研究机构专家进行讲学、合作研究，与国内外著名研究机构建立良好伙伴关系。重视青年骨干教师培养，鼓励青年教师赴国外一流大学进行学术交流访问。支持研究生参加国内外学术会议，鼓励和组织学生参加竞争性的学术活动。招收外国留学生和本国学生共同合作研究，聘请国外知名大学教授合作指导研究生。

四、人才培养

2010 年研究院在读研究生共 95 人，至 2020 年底研究生在籍人数已增至 220 人，并招收本科生 28 人。2014 年与吴健雄学院就共同培养生命科学英才达成共识，并完成培养计划；2015 年与吴健雄学院共同组建了生命科学英才班，并与澳大利亚蒙纳士大学签订生命科学英才计划。2019 年主办"生命科学基础与前沿进展"江苏省暑期学校，邀请 10 位海内外知名专家学者，为来自全国 20 所高校、科研院所的 60 余名研究生系统讲授发育生物学课程。同年学院向教育部申报生物科学本科专业成功获批。2020 年首次招收生物科学本科生，实现在校本科生零的突破。学院制定并实行研究生培养管理细则，成立研究生管理领导小组。成功申报"分子及细胞生物学"的"211 工程"研究生创新平台项目，争取建设经费 100 万元；完善和规范了研究生轮转实施的具体方案和细则。强化研究生培养的课程体系，以研究生培养目标为导向，通过合并部分重合度较高的课程，以及增开部分新兴学科课程，逐步优化研究生培养的课程体系，重点建设了2~3 门研究生全英文教学课程。

五、科学研究

2010—2020 年共承担各类项目 139 项，其中科技部项目 21 项、国家自然基金 71 项。林承棋教授作为首席科学家承担科技部国家重点研发计划重点专项 1 项，谢维教授、韩俊海教授、柴人杰教授分别作为课题组长参与科技部"973"或国家重点研发计划重点专项 3 项。共发表 SCI 论文 171篇，包括 *Neuron*、*Molecular Cell*、*Developmental Cell*、*Science Advances*、

2020 年 12 月，生科院召开战略发展与"十四五"规划研讨会

Current Biology、*PNAS*、*Nature Neuroscience*、*The Human Cerebral Cortex*、*Nature Communications*、*Cell* 等国际知名期刊论文 20 余篇。2019 年，谢维教授获高等学校科学研究优秀成果二等奖，柴人杰教授（第二完成人）获江苏省医学科技奖。2020 年，柴人杰教授获江苏省青年科技奖暨江苏省"十大青年科技之星"称号。2012 年，圆满承办"神经发育、功能与疾病"国际学术研讨会。此后相继主办 2015 年"脑卒中机制及康复治疗"国际研讨会，2017 年第三届中国听觉大会，2017—2019 年第一、第二、第三届"脑与行为"青年神经科学家论坛和 2019 年南京"脑 – 智"国际研讨会。2017 年，我院正式设立东南大学"三江大讲堂"高水平学术论坛，邀请国内外知名专家来我校进行讲座交流。学院形成"神经发育与精神疾病""发育、干细胞与肿瘤"等特色研究方向，在国内外已形成广泛影响。

六、综合管理和思政建设

在坚持党政联席会议决策的基础上，试行党政领导与课题组长联席会议制度，强化民主决策与专家治理。实行行政人员例会制度，推进各项决策落实落细，不断提高行政管理效率，为学院的运行特别是教学科研工作的正常开展提供保障。学院落实"三全育人"综合改革要求，出台领导班子深入基层联系学生工作方案，做到每个本科生和硕士研究生班级均有对应联系的院领导。选优配齐专职辅导员，使师生比达到1：121；选拔优秀青年教师和学校机关干部担任本科生班主任和班团指导员，在学业、生活和心理方面为学生提供全方位、个性化的指导和帮助。举办研究生科技节、趣味运动会等活动，丰富课余生活，提升学生综合素质。为应对新冠肺炎疫情，2020年寒假期间，学院成立新冠疫情防控暨应急处置工作领导小组和工作小组，制定春季开学及开学后疫情防控工作方案。封校期间学院组织教师开展线上教学、科研、思政教育和心理疏导工作，为学生返校复课提供有力保障。2020年4月到9月，学院先后组织了6个批次学生陆续返校，到秋季学期开学时，全院学生最终实现"应返尽返"。与东南大学本科生招生办公室合作，2020年，赴银川一中创建东南大学"最佳生源基地"。组织专家赴全国知名高校开展招生宣传，开设暑期夏令营活动，吸引优秀学生报考我院研究生。学院工会启动职工之家建设，组织教职工参加学校文体活动和去市郊远足踏青。2011年，研究院获江苏省教育系统"工人先锋号"荣誉称号；2012年，研究院直属党支部获得东南大学"争先创优先进集体"和"先进基层党组织"等称号。2012年，赵春杰获"全国五一巾帼标兵"荣誉；谢维、黄庆海、鲁晓瑄、柴人杰、张俞等人先后获"东南大学优秀共产党员"称号。吴志龙获2018年全国高校思想政治工作优秀论文二等奖。

感谢生命科学与技术学院许峰、马达两位老师提供相关资料

吸引汇聚青年英才 聚焦人民健康研究

——东南大学生命科学与技术学院优秀教学与科研团队访谈报告

赵丹龄 刘 伟 葛 铿

官方微信

官方微博

官方网站

全国中文核心期刊

CSSCI 来源期刊

中国人文社会科学核心期刊

中国期刊方阵双效期刊

中国期刊全文数据库
（CJFD）全文收录期刊

由于本刊人力有限，恕不退稿，来稿请自留底稿。
如果发现本刊有印刷、装订等质量问题，请与廊坊市佳艺印务有限公司售后服务部联系调换，电话：0316—2531866 转 8006
如果发现本刊有编校质量问题，请发纠错邮箱：jiaoyujiucuo@126.com

《中国高等教育》期刊 2022 年第 7 期刊登对我院教学、科研团队研究的课题报告，认为我院堪称高校落实人才强校战略、主动抓住时机、开创性工作的典范。

秉
志

1886—1965

动物学家

　　满族，生于河南开封，原名翟秉志。1908 年毕业于京师大学堂。1913 年、1918 年先后获美国康奈尔大学学士和博士学位。是美国 Sigma Xi 科学荣誉学会会员。曾任南京高等师范学校、东南大学、厦门大学、中央大学、复旦大学教授，中国科学社生物研究所和静生生物调查所所长，中国科学院水生生物研究所、动物研究所研究员。是中国近代生物学的一代宗师，近代动物学的主要奠基人。1915 年与留美同学组织了中国最早的群众性学术团体"中国科学社"，并刊行中国最早的学术刊物《科学》。1921 年创办我国第一个生物系——南京高等师范学校生物系。1922 年与胡先骕、杨铨（杏佛）共同建立我国第一个生物学研究机构——中国科学社生物研究所，为中国培养了大批生物学家。1948 年当选为中央研究院院士，1955 年被选聘为中国科学院学部委员。晚年从事鲤鱼实验形态学的研究。其代表作有《鲤鱼解剖》和《鲤鱼组织》等。

蔡翘

1897—1990

生理学家、医学教育家

　　广东揭阳人。他先后在美国加利福尼亚大学和印第安纳大学学习心理学，以后又进入哥伦比亚大学和芝加哥大学生理系当研究生。留学期间首先发现视觉与眼球运动功能的中枢部位——顶盖前核（后称蔡氏区）。1924年，发表博士论文《大白鼠的记忆曲线》，翌年获哲学博士学位。1927—1928年，蔡翘受聘于国立中央大学医学院，创建生理学科，任生理学教授。1937年1月，任中央大学医学院生理学教授。创办并主编了当时国内唯一的一本生理学刊物《中国生理学会成都分会简报》。抗日时期他作为中美文化交流交换教授，与费孝通等6人应邀赴美讲学一年，向世界介绍中国抗日战争的情况。抗日战争胜利后，他再次领导中央大学医学院生理科教学与研究的恢复工作。1948年当选为中央研究院院士，1955年被选聘为中国科学院学部委员。蔡翘曾任中央大学医学院代理院长、南京大学医学院院长、第五军医大学校长和军事医学科学院副院长等职，是中国生理学奠基人之一。2011年，一颗小行星被命名为"蔡翘星"。

陈
桢

1894—1957

动物学家、遗传学家、教育家

出生于江苏邗江。1918 从金陵大学毕业后留校任教。1919 年考取清华学校专科，后进入美国康奈尔大学农学系进修，1920 年转入哥伦比亚大学动物学系学习。1921 年获得哥伦比亚大学硕士学位后，随遗传学家托马斯·亨特·摩尔根专攻遗传学。1922 年回国后任国立东南大学生物系教授，1926 年担任国立东南大学动物系主任，其后又先后任北京师范大学、国立中央大学、清华大学、西南联合大学和北京大学等校教授。1957 年任中国科学院动物研究所所长。为中国动物遗传学的创始人、动物行为学和生物学史研究的开拓者。因在金鱼遗传方面所进行的系统性、开拓性的研究，被称为"金鱼博士"。1948 年当选为中央研究院院士，1955 年被选聘为中国科学院学部委员。

郑
集

1900—2010

生物化学家、营养学家

　　四川南溪人。1928 年毕业于国立中央大学生物系，1930 年赴美国留学，先后在俄亥俄州立大学、耶鲁大学及印第安纳大学学习，1936 年获博士学位。回国后接受秉志教授邀请，到中国科学社生物研究所工作，筹建了我国第一个生物化学专业机构——生物化学研究室。1935 年，中央大学成立医学院，郑集筹备了生物化学系，并成为最早的教授之一，而后自编了我国第一本英文版生化教材《生化实习指导》。1945 年在中央大学医学院创办生化研究所，培养生化研究生，这是中国教育史上第一个培养生物化学研究生的正式机构。后长期执教于南京大学医学院、生物系。进入古稀之年后，开辟衰老生化机制研究，提出衰老机制的代谢失调学说，为中国衰老生化研究奠定了基础。他是中国营养学的奠基人，中国生物化学的开拓者之一。

王世浚

人类及医学遗传学家

　　1917 年生于沈阳。早年就读于中央大学医学院，随校西迁重庆后在地下党领导下参加爱国青年运动。后转入复旦大学生物学系，1943 年毕业。随后于国防一大即现在的第二军医大学工作，1958 年到南京铁道医学院工作。他培养的研究生中有不少杰出人才，其中杨焕明、贺林后来成为中科院院士。他曾任江苏省遗传学会常务理事、江苏省医学会遗传学分会名誉主任委员。在国内较早开展了人类外周血淋巴细胞染色体研究，指导开展了线粒体 DNA 等方面研究。获江苏省和卫生部科技进步奖 5 项，2 次获南京市劳动模范称号、奖章，享受政府特殊津贴。

高翼之

教授 / 硕士生导师

　　1931 年生于上海。1952 年毕业于复旦大学。长期在高等学校从事遗传学和分子生物学的教学与科研工作，曾任东南大学医学院教授、南京大学医学院兼职教授、原南京铁道医学院医学科学研究所所长兼分子生物学研究室主任。曾获国家科技进步奖三等奖 1 项，省部级科技进步二等奖 1 项、三等奖 3 项，江苏省高等学校优秀教学质量奖二等奖 1 项，南京大学奖教金一等奖 1 项；获江苏省优秀科技工作者等荣誉称号，并享受国务院特殊津贴。在教学与科研之余勤于写作，代表著译有《萦梦生命》（主编）、《中国遗传学史》（副主编）、《人类孟德尔遗传》（副主译）《人类遗传学》（副主译），为《遗传》《生命世界》《自然与人》等期刊撰写科学随笔共 30 余篇。

单祥年

1937—2020

教授 / 博士生导师

　　1963 年毕业于复旦大学生物学系，曾在中科院昆明动物研究所、南京铁道医学院和复旦大学工作。1995 年访德期间被聘为乌尔姆大学客座教授，曾担任江苏省遗传学会副理事长等职务，为世界人类基因组成员。主编《分子和细胞生物学进展》《临床基因诊断》等著作。获铁道部"全国铁路优秀知识分子"、江苏省"优秀学科带头人"等称号，获中国科学院科技成果奖、江苏省卫生厅科技进步奖多项。

谢
维

博士 / 教授 / 博士生导师

    1981 年 7 月参加工作。1991 年 6 月毕业于南京铁道医学院微生物学与免疫学专业，获硕士学位；1995 年 10 月毕业于南京大学生物化学与分子生物学系，获博士学位；1997 年 1 月至 1998 年 12 月为美国罗切斯特大学医学中心博士后；1999 年 5 月至 2001 年 8 月为加拿大多伦多大学附属多伦多病童医院博士后。2001 年 9 月作为教育部"长江学者奖励计划"特聘教授，受聘为东南大学基础医学院遗传学研究中心主任，担任博士生导师；2003 年获准建设"发育与疾病相关基因"教育部重点实验室，任主任；2004 年 4 月至 2009 年 11 月任东南大学基础医学院院长；2009 年 12 月至 2019 年 12 月任东南大学生命科学研究院院长。先后获得国家自然科学基金（面上、重点）、中 – 加合作项目、国家杰出青年科学基金、美国 NIH 基金（RO3）、国家"973"重大基础研究项目等资助。

赵春杰

博士 / 教授 / 博士生导师

　　毕业于南京大学生物学系，获理学学士和硕士学位，在日本东京大学获博士学位，之后在美国加利福尼亚大学旧金山分校（UCSF）从事博士后研究。2004 年任职于东南大学，现任东南大学医学院副院长、教育部"发育与疾病相关基因"重点实验室副主任。入选"新世纪百千万人才工程"国家级人选，享受国务院特殊津贴，为江苏省特聘教授、江苏省"333工程"中青年科技领军人才、江苏省十行百星科技之星和江苏省有突出贡献中青年专家，获江苏省"333"工程突出贡献奖。曾作为首席科学家主持"973"和"863"项目，研究工作同时得到国家杰出青年科学基金、国家自然基金重点项目以及科技部重点研发项目的支持。

韩俊海

博士 / 教授 / 博士生导师

　　1999 年本科毕业于南京大学，随后进入南京大学生物化学系进行硕博连读，2004 年获博士学位。2004—2008 年在美国马萨诸塞大学医学院从事博士后研究工作；2008 年 8 月受聘东南大学任教授；任中国细胞生物学学会理事、中国神经科学学会儿童认知与脑功能障碍分会秘书长、江苏省细胞与发育生物学学会副理事长。2015 年入选教育部长江学者奖励计划青年项目。2014 年任东南大学生命科学研究院副院长，2019 年任东南大学生命科学与技术学院院长。

陆
巍

博士 / 教授 / 博士生导师

    1996 年进入上海医科大学（现复旦大学上海医学院）医学神经生物学国家重点实验室，1999 年获博士学位。1999—2004 年先后在美国麻省理工学院生物系及 McGovern 脑研究所、哈佛大学分子与细胞生物系进行博士后研究。2019 年入选"国家百千万人才工程"，并被授予"有突出贡献中青年专家"荣誉称号，2020 年获政府特殊津贴。先后获得国家杰出青年基金（2010 年）、国家"973"重大研究项目（子课题负责人）、国家自然科学基金（青年、面上、海外青年合作、重点项目）等资助。现担任中国神经科学会理事、中国生理学会常务理事。主要研究方向为神经可塑性及学习记忆的机制、神经精神性疾病（帕金森病、强迫症等）的发病机制。

林
承
棋

博士 / 教授 / 博士生导师

　　2003 年 6 月毕业于东南大学临床医学专业；2006 年 6 月毕业于东南大学遗传学专业，获硕士学位；2013 年 1 月毕业于美国 Stowers Institute for Medical Research，获博士学位。后在新加坡分子与细胞生物学研究所（IMCB）任青年研究员。2016 年 10 月加入东南大学生命科学研究院，受聘为教授。入选科技部"中青年科技创新领军人才"、中组部"青年千人计划"、江苏省青年杰出基金资助计划、江苏省双创人才计划。为科技部重点研发项目首席科学家。

柴人杰

博士 / 教授 / 博士生导师

2004 年本科毕业于中国科学技术大学，2009 年获美国贝勒大学（Baylor University）生物医学专业博士学位，2009—2013 年在斯坦福大学（Stanford University）医学院从事博士后研究工作。是长江学者特聘教授、"国家优青"，入选"青年千人计划"。任中国生物物理学会听觉、言语与交流分会副会长，中国生理学会干细胞生理专业委员会秘书长、候任主委，中国听力医学发展基金会基础研究专家委员会主委和专家指导委员会常务委员，国际耳内科医师协会执委（Executive Board Member），中国医促会耳内科分会听觉基础研究学组组长，中国老年医学学会理事、耳科学分会常务委员，国家耳鼻咽喉疾病临床医学研究中心学术指导委员会委员，中国细胞生物学会青委会委员，ESCI 期刊 *American Journal of Stem Cells*（AJSC）执行主编（Executive Editor-in-Chief）。2019 年任东南大学生命科学与技术学院副院长。2021 年荣获"树兰医学青年奖"。

姚
红
红

博士 / 教授 / 博士生导师

　　2001 年毕业于中国药科大学药理学系，获硕士学位；2006 年毕业于南京医科大学药理学系，获博士学位。2007—2009 年在美国堪萨斯大学医学中心做博士后；2009—2013 年在美国内布拉斯加大学医学中心任讲师（Instructor）、助理教授（Assistant Professor）。2013 年受聘为东南大学医学院药理学系主任，2014 年 12 月任东南大学医学院副院长，2020 年 8 月任东南大学医学院党委书记。先后获国家自然科学基金优秀青年科学基金、国家自然科学基金杰出青年科学基金等项目，为中组部"千人计划"青年千人、江苏省双创人才、江苏省双创团队领军人才、科技部"创新人才推进计划"中青年科技创新领军人才。

潘
玉
峰

博士 / 教授 / 博士生导师

　　2004 年 7 月本科毕业于南开大学物理学院，2009 年 7 月博士毕业于中国科学院生物物理研究所，2009 年 9 月至 2014 年 8 月在美国霍华德·休斯医学研究所詹宁斯研究中心（HHMI Janelia）从事博士后工作，2014 年 9 月回国工作，2015 年入选中组部第十一批青年"千人计划"，2016 年获得国家优秀青年基金。研究方向为动物行为调控的分子与神经机制，代表性研究论文发表在 *Cell*、*PNAS*、*Nature Communications*、*Neuroscience Bulletin* 等杂志上。2019 年任东南大学生命科学与技术学院副院长。

罗卓娟

博士 / 教授 / 博士生导师

　　2002 年 6 月毕业于安徽大学微生物学专业；2005 年 6 月毕业于东南大学遗传学专业，获硕士学位；2011 年 4 月毕业于新加坡国立大学，获博士学位。后在美国 Stowers 研究所和西北大学做博士后研究，其间受到白血病淋巴瘤协会（Leukemia & Lymphoma Society）的资助。2016 年 2 月加入东南大学生命科学研究院，受聘为教授。2017 年入选中组部"青年千人计划"、江苏省青年杰出基金资助计划、江苏省双创人才计划。

王
苏

博士 / 教授 / 博士生导师

    2010 年于北京大学获得学士学位，2015 年于美国堪萨斯大学医学中心获得博士学位，曾在美国 Stowers 医学研究所担任博士生研究员。2017 年加入东南大学生命科学研究院担任研究员，同年成为江苏省特聘教授。2018 年入选中组部第十四批"青年千人计划"。2021 年任东南大学生命科学与技术学院院长助理。

杨
焕
明

杨焕明在南京铁道医学
院读书时留影

　　华大基因联合创始人、理事长；中国科学院大学及中国医学科学院教
授；中国科学院北京基因组研究所首任所长；中国科学院院士；中国医学
科学院学部委员；TWAS（世界科学院）院士；美国、德国、印度国家科学
院，丹麦皇家科学院以及 EMBO（欧洲分子生物学会）外籍院士。

　　杨焕明和他的团队为"人类基因组计划""人类基因组单体型图计
划""千人基因组计划""癌症基因组图谱计划"等国际合作的基因组计划
作出了重要贡献；启动并完成了杂交水稻、家猪、家鸡、家蚕、熊猫以及
SARS（重症急性呼吸综合征）等多项动植物、微生物基因组计划，使中国
的基因组学研究跻身世界前沿。在 *Nature*，*Science*，*Cell* 等杂志上发表 300
多篇研究论文。

　　杨焕明曾获多项荣誉及奖项，包括国家自然科学奖二等奖（2002 年），
"年度科研领袖人物"（美国《科学美国人》杂志，2002 年），TWAS 生物奖（2005
年），"何梁何利科学与技术进步奖"（何梁何利基金会，2006 年），"卓越

科学成就奖"（国际人类基因组组织，2010 年），"全国创新争先奖"（人社部、中国科协、科技部、国资委，2017 年）等。

杨焕明特别关注基因组研究的社会影响和基因知识的普及工作。主编、主译著作十余部，参与撰写的《解读生命丛书》荣获第一届"北京市优秀科普作品奖"最佳奖及第五届"全国优秀科普作品奖科普图书类一等奖"，《"天"生与"人"生：生殖与克隆》获得"第二届中国出版政府图书奖"和"国家科技进步奖二等奖"。

杨焕明于 1979 年考入南京铁道医学院（2000 年与东南大学合并）就读硕士研究生，导师为王世浚教授。后在丹麦哥本哈根大学获博士学位，曾在法国、美国从事博士后研究。

本文资料来自百度网，图片由王世浚教授提供

贺
林

贺林在南京铁道医学院
读书时与导师王世浚教
授留影

　　中国科学院院士，第三世界科学院院士，上海交通大学生命科学技
术学院教授、博士生导师，曾任首届世界转化医学学会主席，东亚人类
遗传学联盟主席。被聘为 *Experimental Biology and Medicine* 副主编，担任
Human Molecular Genetics，*Psychiatric Genetics*，*Cell Research* 等十多种国
际杂志的编委。同时也是"十五""十一五""863 计划"主题专家组成员，
国家 973 计划"中国人口出生缺陷的遗传与环境可控性研究"项目的首席
科学家，国家自然科学基金委员会第七、第八、第九届学科评审组成员，
中华医学会医学遗传学分会第六届委员会主任委员，上海市医学会医学遗
传学会第一届委员会主任委员等。

　　主要从事基因转录调控的表观遗传机制及性激素相关妇科肿瘤分子机
理的研究。提出、验证并从分子机理上诠释了雌激素受体转录起始复合体
在靶基因启动子上循环反复结合的假说以及雌激素受体所介导的基因转录
具有"双相性"和"两维性"的特点，为基因转录调控的理论增添了新的

内容；揭示了雌激素受体拮抗剂三苯氧胺诱发子宫内膜癌的分子机理，克隆了多个肿瘤相关基因，为肿瘤分子生物学的理论发展作出了贡献；揭示了组蛋白修饰在染色质重塑中协调作用的机理，对认识表观遗传调控的分子机制具有创新性的理论意义；在世界上首次建立了哺乳动物细胞染色质免疫沉淀技术（ChIP），为研究 DNA 与蛋白质的相互作用作出了重要贡献。

贺林曾获多项荣誉及奖项，包括"教育部科学技术（自然科学）奖一等奖"，"上海市科学技术进步奖一等奖"，"国家杰出青年"，国务院特殊津贴待遇，"香港'求是'杰出青年奖"，"上海科技精英奖"，"美国国家精神分裂症与抑郁症研究联盟（NARSAD）'杰出研究者'奖"，"何梁何利科学与技术进步奖"，"第三届谈家桢生命科学成就奖"，"国家自然科学奖二等奖"。

贺林于 1978 年考入南京铁道医学院（2000 年与东南大学合并）临床医学专修科，1983 年起在南京铁道医学院就读硕士研究生，后在英国西苏格兰大学获博士学位，曾在英国爱丁堡大学从事博士后研究。

本文资料来自百度网，图片由王世浚教授提供

科学故事
学故事

秉志的南京研究时光

◎ 翟启慧

　　1920 年，秉志回到祖国，立即满腔热情地为开创我国生物科学的教学和研究忘我地工作。1921 年，他在南京高等师范创建了我国第一个生物系。当时南京高师只有农业专修科，秉志教普通动物学。他的教学法，别开生面，富有吸引力和启发性，使学生对动物学产生浓厚的兴趣，以致后来由农学转学动物学的有半数之多。他当年的学生、著名鱼类学家伍献文回忆说："这不仅是教授法的问题，更重要的是秉老具有科学家的风度和感化力。"

　　秉志在南京高师拼命苦干，生物系创立后，发展十分迅速。4 年后，师生已达 80 多人。当时学校无钱购置仪器设备。秉志发动师生动手制作，并节衣缩食，用自己的薪金添置必不可少的实验设备。有两个暑假，秉志还带领学生前往浙江、山东沿海采集标本，供教学和研究之用。

　　秉志十分重视科学研究，他经常说："教自然科学的人，必须亲自动手做自然科学研究工作。"他在从事教学工作的同时，积极进行中国科学社生物研究所的筹建工作。1922 年 8 月 18 日，我国第一个生物学研究机构

我国第一个生物学研究机构
——中国科学社生物研究所

在南京成立，秉志被推为所长。初创的研究所条件十分简陋，由中国科学社（当时已由美国迁至南京）拨出两间旧房作为所址。社里每年拨的 240 元办公费，只够支付一个事务员的薪水，研究人员均由邻近大学的教师兼职。他们与秉志一样不取报酬，利用假期和课余时间义务工作。秉志多次用自己的薪金为研究所添置必需的仪器。他处处以身作则，忘我工作，在他的感召下，大家都勤奋努力。秉志在南京高师生物系和中国科学社生物研究所倡导和培育了勤俭刻苦、努力好学的优良学风。这在当时的学术界是有口皆碑的。

秉志常说："科学决不辜负苦心钻研的勤学之人。"日积月累，勤奋终将结硕果，从 1922 年到 1937 年，生物研究所取得了出色的成绩。除了主要开展形态学和生理学的研究外，还对我国动植物资源进行了大量调查研究，收集了大批标本，积累了宝贵的资料。写出的研究论文达数百篇，主要发表在研究所的专刊上。起初每年出版 50 期为 1 卷，后来动植物分开，单动物部分就每年出 10 期为 1 卷。斐然的成绩，引起国内外学术界的重视。

世界各国学术机构前来交换刊物的达 600 多处。国内社会团体也纷纷热情地予以资助，其中最大的资助者是中华教育文化基金会（该会使用的是美国退还的庚子赔款），给生物研究所的拨款增加了两三倍，这样生物研究所才得以添置仪器及图书，并增聘了专职研究人员。

生物研究所的创办和发展，充分显示了秉志的艰苦奋斗精神和卓越的领导才干。此外，秉志具有强烈的民族自尊心，为了给中国人争气，他几次拒绝了外国人办的教会大学的重金礼聘，也不理会中华教育文化基金会里那些以"恩赐者"自居的美国董事们的指手画脚。他以中国人的尊严和自信，为开创和发展我国生物科学的研究，作出了卓越的贡献。

1928 年，秉志又创办了北平静生生物调查所，以研究动植物分类为主。南京高师（抗战前已组建成中央大学）生物系和南北两所，在秉志的领导下，经过 10 余年的努力，从无到有，直到具有一定的规模，不仅科研成果丰硕，而且培养出一批生物学的骨干人才，成为后来教育界和科技界的一支重要力量。因此，秉志被公认是我国近代生物学的开拓者和主要奠基人。

我国土地辽阔，生物资源极为丰富。在二十世纪二三十年代，由于条件所限，我国生物学家对自己的"家底"还很不清楚。然而，外国学者却垂涎三尺，不远万里到中国进行调查。秉志当时对此情况非常重视。在他的领导下，南北两所都进行了大量资源调查工作，他本人也在动物和古动物的调查和分类方面付出了艰辛的劳动。1931 年"九一八"事变前夕，有一批日本动物学者突然要到我国四川等地调查动物资源。秉志立即组织力量赶在日本人前面深入四川调查采集。在经费有限、人员不足的情况下，大家发奋努力，又得到当地爱国人士的协助，很快完成任务，满载而归，随即整理发表了论文。而日本人到了四川后，人地生疏，困难重重，甚至有的死在四川。此事使日本人对秉志和生物研究所怀恨在心。1937 年南京沦陷后，侵略者蓄意报复，把生物研究所的图书、标本、仪器设备抢掠一空，并把房屋烧为灰烬。

秉志在二三十年代所做的大量研究工作，在各学科的发展史上写下了重要的篇章，还为以后的研究工作作出了开拓性的贡献。

抗战时期，秉志因夫人患病，困居上海8年。由于当时他在我国学术界颇有名望，敌伪千方百计寻找他，企图拉他出来工作。他改名翟际潜，蓄须"隐居"，坚决不为日伪政府所用。为避敌伪

1950年抗美援朝战争开始，秉志将自己在南京所置的四处房产全部变卖，所得款项捐献国家，并留下遗嘱将他的3000余册藏书全部献给国家

耳目，他从中国科学社躲到震旦大学，最后躲到友人经营的中药厂里，但仍孜孜不倦地坚持做学问，完成论著多种。同时，他以"骥千"和"伏枥"的笔名于报刊发表义正词严的文章，揭露敌人的滔天罪行，激励人民的抗战情绪。在敌人的恐怖统治下，秉志敢于以笔作刀枪，英勇斗争，不愧为中华民族的硬骨头。

作者为秉志先生长女，本文选自翟启慧《我国近代生物学的主要奠基人——秉志》，图片选自中国科学院院刊网站。

蔡翘的中央大学岁月

◎ 范　明

1937年1月，蔡翘与已任职四年多、由英国人投资设立的上海雷士德研究所提前解约，放弃月薪1000块银圆的优厚待遇，毅然来到南京。他以月薪500块银圆，受聘于刚建院不满两年、条件较差的国立中央大学医学院，出任生理学教授兼科主任，并再次创建生理学科。

有人百思不解地问他为什么这么做，他说，在上海是为外国人工作，来南京是为中国培养医学人才，义不容辞！

蔡翘倾囊购置了不少仪器、设备、图书，并筹建动物房及研究室，准备用于肝糖代谢的慢性实验研究。他与助教吴襄共同编著了《生理学实验》一书用于教学。

正当中央大学医学院初步建成之时，卢沟桥事变爆发，日本强盗悍然侵略中国，并大肆对南京进行了频繁的空袭，企图摧毁我国文化教育命脉。时任中央大学校长的罗家伦运筹帷幄，早就对战争形势作了缜密研判和充分准备，从而决定主校区举迁重庆沙坪坝。

当时的重庆并不具备医学院教学与学生实习的基本条件，蔡翘和生化

从零做起，这几乎像是我命运中注定的事情，我已习以为常。

学教授郑集受罗家伦之命，立即西行，与华西协合大学磋商医学院和农学院畜牧兽医系搬迁华西坝事宜。1937年10月，经过长途跋涉，中央大学医学院和农学院畜牧兽医系师生员工和仪器设备辗转迁至华西坝。

这是一场国难当头、撕心裂肺的大迁徙。准备搬迁时，蔡翘痛惜难当，积极发动师生，连一颗钉头、一支竹签都没有丢下。到成都后，先借用华西协合大学医学院部分校舍上课。四年后，又租用城内一所中学校舍作为前期各科教学之用。医学生一年级在重庆柏溪分校学习，二年级再转来华西坝。

在十分艰苦的条件下，蔡翘坚持从事生理和药科的教学和研究工作。为了满足教学和研究需要，蔡翘自筹经费、亲自动手，成立制造生理学实验仪器的车间。1938年秋，蔡翘在三大学（中央大学、华西协合大学、齐鲁大学）医学院发起成立和领导了中国生理学会成都分会，当时郑集、童第周都是会员。1941年6月，蔡翘任主编创办了《中国生理学会成都分会会志》，这是太平洋战争爆发后，国内唯一的生理学刊物。至抗战胜利止，共出版2卷13期300多页。

同年，他成立了生理学研究所，主要助手有朱壬葆、周金黄、吴襄、徐丰彦、李瑞轩、匡达等人，招收了宋少章、程治平、陈定一、李昌浦等4名研究生。另外，接收了十多名进修生，其中有延安军医学校秘密送来的同志。

中央大学时期的生理实验

中央大学时期的药理实验

在炮火连天的日子里，蔡翘犹如一个强大的磁场，一时间吸引和聚集了各方不少人才。当时经过蔡翘培养或指点的不少学者，后来都成了生理学科的巨擘，名冠中华、蜚声海内外。

1943 年夏，作为中美文化交流交换教授，蔡翘与费孝通等 6 人应邀赴美讲学一年。在芝加哥讲演时，他向世界介绍了中国抗日战争的情况，呼吁国际社会援助，其讲演稿与其他教授的讲演稿一起编成《来自中国的声音》在美国出版。这一年中，蔡翘在芝加哥大学医学院与美国学者合作进行血清中缩血管素物质的研究，其研究成果后来导致 5- 羟色胺（血清素）的发现。

抗战期间，蔡翘主要围绕血液生理领域开展研究。1938 年起，他利用暑假开展中国人的各种生理指标，如肺活量、血细胞计数、血红蛋白浓度、生长率、一些感官的灵敏度（包括视野的测定）、血型分布以及基础代谢率的调查统计研究。

抗日战争胜利后，1946 年 4 月中旬，中央大学医学院开始分批分路向南京迁返，在丁家桥原址复院。蔡翘领导生理学科再度开展了艰苦卓绝的教学与研究工作的恢复。1947 年 12 月，中央大学医学院原院长戚寿南被派往美国任中国驻世界卫生组织代表，蔡翘代理医学院院长。1948 年 3 月，蔡翘被选为中央研究院院士。

1949 年 8 月 8 日，中央大学改称南京大学，蔡翘任南京大学医学院院长。1952 年 12 月，根据中央军委命令，南京大学医学院改编为第五军医大学，蔡翘任校长。1954 年 9 月，按照中央军委下达的整编命令，第五军医大学迁西安，与原第四军医大学合并办第四军医大学。蔡翘自此调军事医学科学院任副院长，直至 1990 年 7 月病逝。

蔡翘先生一生艰苦创业、涉猎广泛，在生理学领域进行了多方面的开创性工作，取得了许多重要的发现和成就。他是我国杰出的医学教育家，生理科学界的奠基人和开拓者，航天、航空、航海医学的创始人。2011 年 10 月 14 日，在北京隆重举行了国际编号 207681 的小行星命名为"蔡翘星"的仪式。蔡翘一生建立的卓越功勋将永远伴随着这颗星星闪耀在茫茫宇宙。

作者为蔡翘先生的学生，本文选自范明《昂首拓新路，俯身育杏林——蔡翘先生生平》，文字有修改。

风雨沧桑世纪情

◎ 许 峰

他被中央大学开除

1917 年，王世浚出生于沈阳一户大户人家，父亲在东北讲武堂读书时曾与张学良同窗。作为一位有志青年，父亲从讲武堂毕业后又去法国学习航空技术，回国后参与组建了民国第一支航空大队——飞虎队。

由于工作繁忙，父亲无暇顾及王世浚的学习，加上东北地区教育水平不高，中学时王世浚来到北京一所教会学校学习。高中阶段他来到南京，大学就读于中央大学医学院。抗战爆发后，国内部分高校被迫西迁，中央大学也迁往四川、重庆等地。

流亡期间，王世浚积极参加爱国青年运动，在地下党的领导下，他参加了许多救援活动。那时日本飞机常来轰炸重庆，他也经常上街参与救助伤员。后来学校的学生组织有两个派别发生矛盾，打起群架，王世浚也参与其中并打伤对方一人。因为这件事，中央大学开除了一些学生，王世浚也名列其中。

复旦大学他完成学业

打架事件发生后，党组织联合社会上的一些知名人士向校方求情，考虑到王世浚老家在东北，家人在地方上做过一些有益于抗战的事情，就设法把他转到了复旦大学。王世浚学医的前两年正好学的是基础知识，于是就转到了复旦大学生物系。复旦大学的老教授们非常敬业，对科学十分钻研。得益于良师教导，王世浚养成了严谨的治学态度。1943年，他从复旦大学毕业。

1949年上海解放后，王世浚在国防一大（第二军医大学前身）工作。后来南京组建第六军医学校（南京铁道医学院前身），组织上派他到南京工作，于是1957年他就把家从上海迁到了南京。

王世浚和外国友人在一起

南铁医他招收第一批遗传学硕士生

南铁医开始组建的时候，全院只有两个教授，王世浚是其中之一。他学习基础扎实，英语水平较高，很早就接触到国外的科研前沿动态。"文革"时，王世浚受到冲击，被打成"反动学术权威"。在"五七"干校里，他和当时的学院院长、书记一起劳动改造了几年，与他们结下了深厚友谊。

"文革"结束恢复工作后，院领导十分尊重他，经常听取他的工作建议。当时南铁医师资力量极为薄弱，如果没有上级领导的全力支持，一所小学院基本上拿不到什么科研项目。经过王世浚等人的多方努力，南铁医建立了一个遗传学教研室，成为教育部第一批招收遗传学硕士研究生的高校。现今大名鼎鼎的杨焕明、贺林两位院士，就是在那段时间入学拜王老师为师的，他们现已经成为我国生命科学领域的翘楚。

初心不忘　薪火相传

王世浚是一位传统知识分子，他有东北汉子的火暴脾气，对学生要求非常严格，有时甚至达到苛刻的地步。杨焕明、贺林二人本科毕业以后又进一步深造，得到了王世浚的指点和帮助。由于早年就读于教会学校，英文基础好，王世浚经常和国外同行教授做学术交流，他也会把学生一起带上。王世浚对国外的期刊、学术论文情况掌握得比较得心应手，对前沿领域研究动态了解得十分清楚。"文革"后他只直接招收和指导了三名硕士研究生，然这三名学生中有两位成为院士，一位成了美国的大学教授。杨焕明、贺林二人一靠个人天赋，二是有幸遇到名师，最终有了"院士"级别的成就。

王世浚年近八旬才正式退休，如今他已经 105 岁高龄了，不时有领导和师生前去看望他。他身体十分健朗，依旧十分关心学校各项事业的发展。祝愿王世浚教授健康长寿！

王世浚老师（右二）九十华诞场景，现场祝贺的有：谢维（左一）、贺林（左二）、杨焕明（右一）等

我是你的老幺

◎ 赵苏英

初识单祥年老师，是在读本科时，那时他教我们遗传学，现在各大医院染色体鉴别口诀流行的那个版本就是他编的。后来考研，我又正好考上了他的研究生。

我是单老师的关门弟子，是所有研究生中的老幺。可能就像家中的老幺一样，单老师对我特别慈爱，与其说是导师，不如说更像一位长辈。

我做实验有时不顺利，便会找单老师哭诉一番，总惹得他一阵大笑。记得刚开始做细胞转化实验，我预实验硬是做了半年也没成功，单老师知道后，立马联系了哈尔滨医科大学，要把我送到那边学习两个月。临走时还一再嘱咐我"小姑娘家在外面一定要注意安全"。

我从哈尔滨回来后，实验做得很顺利，研二的时候就发了文章，在我们同年招进去的那批人里是最早的，也就是说在别人还在夜以继日地泡实验室时，我已经把毕业论文都完成了，那时同学们都特别羡慕我。这不是因为我自己有多高的水平，而是因为我有个好导师早早地就帮我安排好，让我把文章发了。

赵苏英参加研究生论文答辩会后与老师、同学合影

（后排中为单祥年老师，前排右为赵苏英，图片由单老师家属提供）

　　我读研的时候，单老师已经六十多岁了。有一段时间他腿刚做过手术，行动不便，但是他依然同往常一样，准时到办公室读上一会儿文献。他就是属于做事特别认真的那辈人，记得他总和我们讲起他年轻的时候，做核辐射实验，就是开着汽车在蘑菇云后面一路追，什么防护都没有。那时的人心里只有科研，哪里还会想到有危险。末了他又会叹口气："当年和我坐一车的同事现在都没有了哦！"现在的年轻人不就是缺少那股子拼劲吗？

　　在单老师的影响下，我和几个同门师兄师姐相处都特别融洽。一到过节时，单老师总担心学校发的研究生津贴不够用，经常掏腰包请我们吃东西，我们几个小的一到过节便乐呵呵地跑去他办公室旁敲侧击"讨食粮"。

　　工作以后，单老师对我们的工作情况也特别关心，每年过年都会问一声："发了多少文章？职称评上了没有？"我想在他心里真的是把学生当孩子来疼的。

单老师的腿脚手术后恢复得不理想，身体状况也不如从前。去年疫情期间他忽然离我们而去，让我无比遗憾，也倍加怀念。

单老师，我是你的老幺！你对我的教导，你的正直、豁达、认真钻研的精神品格将会影响我一生。

作者为东南大学遗传学专业 2005 届硕士毕业生，现就职于江苏省中医院。

西迁之路上的"动物大军"

◎ 郭佳敏　选编

　　1937 年的南京动荡不安，随着日军日渐逼近，国立中央大学先后四次遭遇日军空袭。为救亡图存，保存与延续科学的火种，在罗家伦校长的统筹规划下，同年 10 月，中央大学发布迁校公告并组织全校西迁工作。下旬，中央大学 7 个学院的学生、教职员工连同家属共 4000 多人，开始分批乘船向重庆撤离，成为全国所有大学迁移最迅速、最完整的学校。

　　搬离南京时，学校提前备好的数百个大木箱里装满了教学用品，里面有用于航空工程教学拆卸掉的 3 架飞机，医学院用于解剖泡制的 24 具尸体等等。西迁中尤为感人的就是中央大学农学院教师兼畜牧场长王西亭先生带领"动物大军"西迁的故事。

　　当时国立中央大学畜牧场是从国外引进优良品种最多、规模最大的畜牧场，有美国加州牛、荷兰牛、澳洲马、英国约克夏猪、美国火鸡等。它一方面是农学院学生的实习基地，有着教学科研必不可少的畜禽实验改良品种；另一方面向各地农业实验场输送优良的家畜家禽，为改变中国畜牧业产能落后的局面作出了重要贡献。

王酉亭（1901—1982），江苏涟水人，曾就读于淮阴中学、涟水农校、东南大学农科畜牧系。

西迁之前，罗家伦校长曾想过放弃这 1000 余头家畜家禽，但王酉亭先生深知这些优良的动物品种对国家战后重建的意义。他毅然放弃了去往重庆的珍贵船票，选择和畜牧场的职工一起把没能迁移的动物护送到重庆。

1937 年 12 月到 1938 年 11 月间，众人齐心协力，不仅要面对 1000 多头牲畜每天近千斤的粮草问题，还要时时防备饿狼偷袭、山匪抢劫和日军空袭。在皖豫交界处大别山脉的叶集，王酉亭率"动物大军"在此面临了生死存亡的困境。那时正值隆冬，天寒地冻，人困马乏，动物断料人断粮。危急时刻，经过一位老奶奶的指引，在老街背后的山坡小巷里，找到了改变王酉亭先生一行命运的邮亭。他随即致电重庆的中央大学，告知所有动物已经带出南京，但给养费用确实困难。意外接到电报的校长罗家伦惊喜交集，立即安排急电汇款至叶集邮局转交。同时，原计划前往武汉的"动物大军"接通了中央大学的电话才知道武汉已经沦陷，继而改道河南桐柏山，跋山涉水，前往湖北襄阳，渡过汉江，到达武当山，穿越神农架边缘。

1938 年 11 月上旬，这支坚韧不拔的"动物大军"在耗时一年后抵达湖北宜昌。在宜昌，王酉亭与著名爱国实业家、民生轮船公司总经理卢作

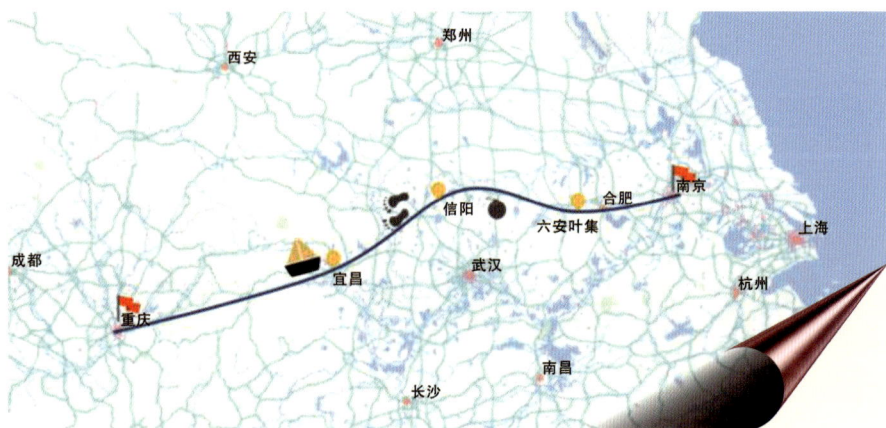

"动物大军"西迁路线还原简图

孚意外相遇。卢作孚慷慨同意在轮船运输物资最困难的时期，挤出舱位，无偿运输这些动物到重庆。几天后，王酉亭一行在宜昌登轮西上抵达重庆，终于进入市郊沙坪坝的中央大学畜牧场。抵达时，从南京出发的 16 名员工只剩下了 12 名。

"动物大军"的抵达受到了国立中央大学师生的热烈欢迎。王酉亭先生也被誉为"中大的有功之臣"。从南京保卫战的炮火中突围，在追剿和弹雨中继续艰难前进，从徐州会战、武汉会战的边缘地带穿越，历经苏皖豫鄂川五省，远征四千里，成功完成"动物大军"西迁重庆的壮举，可谓"抗日战争中的另类长征"。

本文选自华贤东《纪念中央大学西迁 80 周年：东南大学重走"西迁"路》和现代快报全媒体《80 年前，有一只动物大军在南京和重庆之间穿越生死》，图片选自百度网和搜狐网。

生物学馆的故事

◎ 笙　梧

　　走进东南大学四牌楼校区，原中央大学历史风貌顿时展现在面前。1921 年，时任南京高等师范学校校长的郭秉文等创建国立东南大学，在这里陆续修建了一批校园建筑群，如孟芳图书馆、体育馆和大礼堂等。从中央大道的尽头向右望去，在大礼堂的东南面可见一座红瓦铺顶、气势恢宏的建筑，这就是中国建筑界瞩目、培养建筑设计英才的摇篮，东南大学建筑学院院馆所在地——中大院。然而鲜为人知的是，这座大楼原名"生物学馆"，最初的主人是生物系。

　　1929 年 8 月 8 日，生物学馆由国立中央大学首任校长张乃燕立碑，留下"立礎纪念"。该馆由著名建筑师李宗侃设计，上海金祥记营造厂承建，总面积为 2321 平方米。初建为两层，另设半地下室一层；1933 年重修，加建为三层（计 763 平方米），并将大门外移，添加四根爱奥尼柱式柱及山

生物学馆"立礎纪念"碑

花，建筑整体呈西方古典复兴主义建筑风格。在生物学馆的正面，门廊上部的墙面装饰有两头相对的史前恐龙，像两只萌宠，显得十分可爱。生物学馆与孟芳图书馆东西呼应。

自南高至中大，生物学馆为生物系办公楼。我国生物学鼻祖秉志教授曾在此楼办公，民国时代许多优秀的生物学学者如钱崇澍、胡先骕、陈桢等也在此留下了足迹。在这幢楼里，由秉志先生亲手创建的中国第一个生物系学术研究呈现欣欣向荣的景象。

生物学馆旧照

门廊上的恐龙

如今的中大院

然而好景不长，积贫积弱的中国面临即将亡国灭种的命运，偌大校园里已经无法放下一张平静的书桌。生物学馆门廊上的两头恐龙默默见证着这所校园里一幕幕悲壮历史场景——

1937 年 8 月至 9 月，中央大学校园遭日机四次轰炸扫射，大礼堂、图书馆、附属实验学校、总办公厅和女生宿舍等处被击中，数位校工不幸遇难。中央大学被迫西迁，到后方的重庆、成都等地艰难办学……

1937 年 12 月，南京沦陷，日军制造了惨绝人寰的南京大屠杀。中央大学四牌楼校区落入敌手，被侵华日军医院及驻军霸占。在由著名建筑学家杨廷宝先生设计的国宝级建筑——南校门门柱的名牌上赫然用日文写着大大的"兵头部队"字样，日军警卫在门口设防站岗。绿色大礼堂顶部被涂抹上巨大的白底红十字，教室内放满了日式榻榻米病床。中华民族自古以来文脉相传的办学圣地屈辱地沦为了侵略者们养病疗伤之所……

1945年8月，中国人民迎来抗日战争的伟大胜利。1946年11月，中央大学复校开课……

新中国成立后，1952年高校院系进行调整，新成立了南京工学院，生物学馆成为院办公楼所在地。1957年，杨廷宝先生主持扩建两翼，增加了1728平方米。因学校历史上曾名为中央大学，遂更名为中大院。自1958年起，作为建筑系系馆。

从最初的生物系到如今的建筑学院，从最早的生物学馆到现在的中大院，这座拥有深厚历史底蕴的不平凡建筑延续着中国高等教育的历史文脉，成为中国教育史上的一座丰碑。历经90余年风风雨雨，中大院门廊上的那两头恐龙，如今已成为东大"生物人"心中的最美图腾。

本文部分资料和图片来自腾讯网和东南大学校史文化网

永远之榜样
——秉志先生、蔡翘先生铜像落成揭幕仪式侧记

◎ 山　午

　　2021年6月7日，东南大学生命科学与技术学院在四牌楼校区举办了"传承·启航"——秉志先生、蔡翘先生铜像落成揭幕仪式，学术界多位院士到访，秉志先生、蔡翘先生的家属也应邀出席揭幕仪式及相关活动。活动现场，我校杰出校友贺林院士向母校捐赠他的两部最新著作——《解码

贺林院士（中）向学院捐赠著作，左为谢维教授，右为韩俊海院长

生命》和《今日遗传咨询》。回顾本次活动，从刚开始的初步意向到圆满完成，有着诸多令人感慨的故事。

早在 2021 年春节前，学院院长韩俊海和谢维教授就专程前往北京，拜访了秉志先生长女翟启慧女士和蔡翘先生孙女蔡雪丽女士，向他们表达了举办揭幕仪式的初步意向。两位家属对学院的意向均表示赞同。为此，年逾九十的翟启慧女士将自编的《家世传承》一套、《秉志文集》（上、下册）、《秉志文存》（1~3 卷）《秉志 1915—1936 动物学论文集》复制本以及《秉志科研论文集续编》等珍贵资料赠予学院。

秉志先生长女翟启慧女士

返宁后，学院领导多次组织协调会，就活动开展作全面细致的策划，并委派院办主任许峰老师专门负责铜像制作。为顺利完成任务，许老师先后两次出差到河北曲阳、唐县，对雕像的制作工艺及进度进行实地考察。在雕塑完成初步模型后，许老师又通过电话及邮件和家属反复沟通，对雕像的细节进行多次比对、修改，力求最大限度地还原人物的真实形态。在与秉志先生、蔡翘先生的家属的沟通过程中，许老师逐步获得信任，建立起友谊。翟启慧女士、蔡雪丽女士分别拍摄多张秉志先生的墨宝、笔记手稿和"蔡翘星"的图片，她们把这些珍贵图片作为史料交给学院保存。由于年龄及身体原因，翟启慧女士无法亲临我校参加活动，特委派家族晚辈代为参加。为了表达对本次活动的重视，翟女士亲自拟写发言稿，并在征求学院意见的基础上，进行反复修改。

此次铜像揭幕仪式不仅是缅怀两位先生对我国生物学科创立和发展所作出的历史性贡献，更是继承和发扬他们热爱祖国、追求真理、献身科学的优秀品质和崇高精神，正如韩俊海院长在铜像落成仪式上的讲话中指出："他们的业绩将永远留存在中国生物学科发展史上，他们将永远成为我辈之榜样。"

蔡翘先生的孙女蔡雪丽女士在铜像落成仪式上致辞

秉志先生和蔡翘先生的亲属向我院赠送的珍贵书籍

伫立在东南大学生命科学与技术学院微波楼大厅的秉志先生、蔡翘先生铜像在迎接东南大学 120 周年校庆期间，生命科学与技术学院广泛发动校友，开展"我与东大生物的情缘故事"征文活动，征集到了许多回忆校园生活、展示事业发展的精彩文章。由于篇幅有限，编审组选择了其中的 16 篇与大家分享。在此向所有参与和支持本次活动的校友和师生表示衷心感谢！

生物情缘

在东大生物逐浪科学前沿

◎ 郭　超

南赴东大

从中科院博士毕业几个月后，在 2015 年 9 月里一个秋高气爽的下午，我乘高铁从北京一路向南来到南京，加入东南大学生命科学研究院潘玉峰教授实验室，开始了我的博士后训练。这是我第二次来到这座城市，上一次是 2009 年 4 月参加首届全国果蝇研究会议，主办方正是彼时刚刚成立的生命科学研究院。

在潘老师和博士后管理办公室王超、龙黎老师的帮助下，我很快办好了入职手续，并搬到了博士后公寓——闹市区中一处安静的院子，之后便开启了公寓和李文正楼实验室两点一线的简单生活。每天从公寓出来或从李文正楼出来都会先往西走，一抬眼就看到"倒置的移液器"——分段变细的紫峰大厦，它是我的晴雨表：晴天中澄明清晰，雨天里云雾遮绕，雾霾天则灰蒙黯然。早晚穿过进香河路笔直高耸的水杉，再从青绿球场砖红跑道外绕过，伴着色彩随季节缤纷变化的梧桐。中午去南门外沙塘园食堂

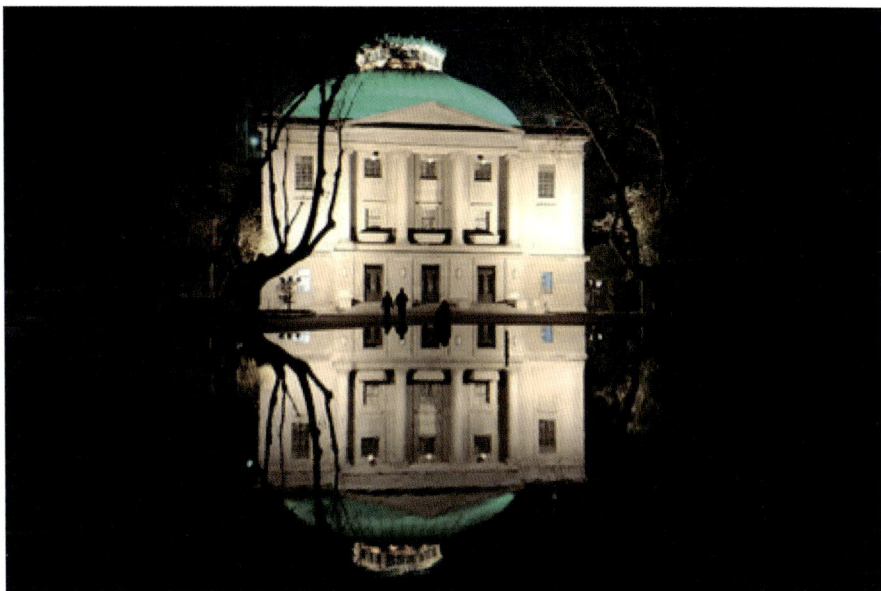

夜色中的梦幻大礼堂

用餐，徜徉在中央大道的法国梧桐斑驳的光影中；晚上老城区的灯光昏黄，静谧而柔和，古典派的大礼堂倒映在西式喷泉池中，时间仿佛静止，我似乎身临某个时代。

一年之前，潘老师从美国珍妮莉亚研究园区回国，加盟生命科学研究院，建立实验室，开始研究动物的社会行为。潘老师是我在中科院读研时的同门师兄，我们有一年多时间交集。他本科学习生物物理，有着物理学家严谨缜密的理性，复杂的事情一经他分析，往往变得逻辑简明。当时刚进入实验室，是潘师兄带我入门，亲自教我一些基本概念和如何做实验。几个月后，我将实验结果整理成一个近二十页的PPT，作为我的首次进展报告。请师兄指点时，他指着一页问我：这与主题有何关系？能否说明问题？经过他的一番拷问，连标题页在内只剩下了四页可用！"心疼"却无可辩驳。重整后的报告的确逻辑凝实，这实在是对我进行了一场思想洗礼。后来我审视文章或报告时，都会进行这样的逻辑分析。

逐浪前沿

从 2015 年开始，我们聚焦于果蝇本能行为控制的神经机制的研究。我们以神经细胞间的信号分子——神经递质和神经肽切入分析行为，首先试图观察各种生理与行为状态下果蝇的内在变化。2016 年上半年，我们又尝试以质谱方法检测果蝇各种生理状态下各种信号分子的表达水平。我们分工准备不同的样本，充满了干劲，但是由于技术限制，实验没有得到很确定的结果。后来北京大学饶毅教授实验室在 2019 年做出了各种递质和受体的工具果蝇，李毓龙教授实验室开发了多种神经信号分子的活体检测荧光探针，为进行各种行为与生理状态的动物神经活动的检测研究提供了很好的工具。

同时我们用遗传学方法，激活或抑制各类神经递质和神经肽所在的神经元的活动来观察动物的行为改变。我们发现了一些影响本能行为的神经肽，其中一种是神经肽 Dsk。Dsk 在哺乳动物中的同源物是缩胆囊素（CCK），是一种进食后十二指肠分泌的内源肽，一方面可促进胆汁分泌，另一方面可通过肠迷走传入神经作为饱腹信号。我们发现在果蝇脑中有几对明显的神经元表达 Dsk。用遗传学方法激活这些神经元，会抑制雄性果蝇的求偶行为——一种非常稳固的本能行为。而当我们去看这种处理后的果蝇的脑，发现神经元中的 Dsk 检测信号明显地减弱了。激活 Dsk 神经元会对睡眠、求偶、运动等多种本能行为产生影响，而 Dsk 需要通过其受体起作用，其中一种受体在脑中众多的神经元表达，与果蝇性别决定分子通路中的一个关键分子 fruitless 的表达模式有部分重合。

fruitless 被认为是控制果蝇求偶行为的关键基因，这个基因在雌、雄果蝇中发生性别特异的可变剪接，从而有不同的产物，并且表达这个基因的部分神经元在雌、雄果蝇中有不同数目和形态，它决定了雄性求偶行为的表现。fruitless 基因突变的果蝇之前被认为不能产生正常的求偶行为，但是潘老师在博士后期间发现并非绝对如此——单独培养的果蝇不会求偶，但群体培养的果蝇则会逐渐"学会"求偶行为。培养方式不同，导致一种行为的表现差异，这反映了神经科学中最基本的问题之一——先天、后天的相互作用。

潘老师前期的研究发现，激活 fruitless 神经元可以让果蝇产生各种求偶行为表现；激活 fruitless 神经元中很少的一群神经元 P1，也能引起果蝇的求偶行为，同时影响果蝇的运动、睡眠等行为。而激活 Dsk 神经元引起的效应似乎与激活 P1 神经元的效应是拮抗的。因此在 fruitless 回路中，Dsk 信号通路与 P1 神经元一起均衡地调控果蝇的觉醒状态和行为表现。

潘老师还发现，激活 P1 神经元会产生一个现象，就是会促进果蝇类似于求偶的追踪，甚至会追逐一个运动的橡皮泥。这引起我的强烈兴趣。因为在博士训练期间一直研究果蝇视觉图案记忆与空间朝向记忆，我隐隐觉得这个现象非常值得深入研究，比如什么样的视觉神经元会介导这种视觉识别，这显然与我们之前研究常用的条纹图案刺激非常不一样。果蝇对小的物体并没有追踪的行为，为何激活 P1 神经元会引起这种行为？这说明果蝇本身具有这种视觉追踪的能力，而 P1 神经元似乎可作为一种行为的门控。在 2015 年 12 月，我将这些疑惑与想法与潘老师讨论，他显然对此已有深入思考，他指出这是一种小目标追踪，并且将他收集的一些资料与我分享。于是我持续研究和思考求偶行为中的视觉追踪现象，并以此为研究方向申请了国家自然科学基金青年项目。潘老师从一开始就允许我自由选择研究方向，并且慷慨地支持我。

师长助力

除了潘老师的全力支持，生科院非常重视青年人才的培养。院里定期组织"青椒会"，每位青年教师每年要报告研究进展一次。作报告对我而言还是有压力的，每次报告前我都很认真地做准备，与老师们交流总是很愉快。院里有不少用果蝇做研究的老师，他们会提出非常深刻的专业问题。这也促使我思考自己的工作细节是否严谨，以及结果可能具有的意义。

学院时常邀请知名教授来与青年教师和学生座谈。其中一位教授在报告中讲过一个他亲眼目睹的故事：某个会议上一位报告者因为一开始就出错被资深专家轰下台。这个案例看起来较极端，却有力地表明了科研工作中严谨态度的重要性：一步失误可能导致后面的努力变成无用。

我也清晰地记得谢维院长在一次青年教师座谈会上告诫大家"要克服浮躁，不急于求成，珍惜自己的学术品味"。他的这些话就像一剂定心针，让我们安心去花时间建平台、探索方法和解决问题。谢院长比较了国内外高校，认为科学家之间的竞争是学校之间的系统竞争，这个观点给我留下了深刻印象。

院里的教授也在多种场合指导帮助青年成长。第一次写基金申请书时，我心里没有什么概念，潘老师不仅分享了他的经验，还把他的项目申请书原稿给我参考。陆巍教授、韩俊海教授、柴人杰教授都从头到尾对我的申请书进行指点，帮助我认识和表达清楚科学问题。

共同成长

在生科院开展的大多是面向科学前沿的基础研究，这些研究可能不会立即带来社会效益，我们考虑更多的是自己的研究是否足够新颖、足够扎实能得出可靠的结论，从而可以扩展人类知识边界。这需要我们自由地思考、严谨地工作。

研究给我们带来无尽的挑战的同时，也提供了个人成长的机会。我们有实验需要 24 小时记录果蝇的运动行为，这会产生很多的视频文件。利用商业化软件一次只能分析单个视频，分析每个视频都需要重新点击设置。在组会上了解到这个情况后，潘老师问我有没有可能自动化做这件事，我当时毫无头绪，只能摇摇头。几个月后，我突然想起来一些自动按键类软件可能会有帮助，于是我便去学习了这些软件，编写了一些脚本帮助视频处理，几次修改解决了一些小问题后，终于实现了视频的自动处理。这在技术上其实并没有很大的难度，但对我而言却是在研究中突破自己、解决难题的时刻之一。念念不忘，必有回响。如果没有潘老师那个"不切实际的""为难"一问，我未必能不囿于当时的能力和视野而想到去做这件事。

　　研究的进展都是在集体的努力中产生的。2015年秋天，实验室里只有我们几个人还显得人单力薄，但是大家都满怀希望，专注而勤奋。在大家的不断努力下，实验室的设备、材料、方法越来越多，每个人也成长到可以独当一面。在日常的讨论中，我们相互学习，掌握领域新知，一起如蚁筏一样努力浮在爆炸涌动的知识洪流上；思想激荡，交流研究进展，转瞬即逝的个人思绪在交流中变成持续的思考与坚定的前进步伐。

2018年青少年高校科学营活动，
我在实验室为来访的青少年介绍果蝇基因突变与行为

科学研究中多的是重复性甚至是长时间的艰苦工作，难忘与顺凡并肩做解剖、接力测行为的时候；难忘跟高灿一起设计装置、做行为的时候；难忘丹丹、彩虹、陈洁等人教我做分子与生化的时候；难忘大家一起约抢"共聚焦"的时候……每个人都像一盏光，不时照亮彼此；力汇在一起，形成一种向上的棘轮。这种上进一方面来自生科院浓郁的学术氛围，另一方面也归功于潘老师独特的教育理念。他格外尊重个体的自主性，重视培养大家的独立思考与表达能力，很少细枝末节地进行指派，期望每个人都靠内驱力来工作。他在工作中十分严谨，却会鼓励大家享受生活、追求幸福。工作之余，实验室组织的打球、聚餐、秋游等小活动，留给我们多彩的记忆。

止于至善

时光荏苒，离开东大两年多了。我仍时刻关注着学院的新消息，关心着同事们的动态。如今回首往昔，愈加感恩遇到的人，愈加珍视这些美好记忆带给我的力量与成长。在东大的时光里，我时常思索"止于至善"的校训，今天我不禁想到那个隐喻——人类知识的圆圈看起来是完美的，但如果找到圆周上的一个点，然后不断放大，我们就会发现不完美的小缺口。止于至善，就是在科学的前沿，让理想与理性交融，去不断发现和填补那些知识的空白。

在即将迎来东大 120 周年校庆的时候，衷心祝福东大的科学研究和人才培养蒸蒸日上，止于至善；也祝愿所有东大"生物人"健康幸福，不懈追求。

作者 2015—2019 年为东南大学生物学博士后

现就职于南通大学

我从新疆来

◎ 麦麦提艾力·阿卜杜纳斯尔

    我出生在美丽的历史文化名城——新疆喀什市的伯什克然木乡，是一个普通的维吾尔族农民家庭的孩子。父母没上过学，吃了没有文化的苦，深知教育对于孩子未来的重要性。我读小学时，哥哥正在读初中，姐姐正在读大学，对于只靠种三亩葡萄园谋生的父母来说，经济压力可想而知。所幸的是在党和政府的关怀下，我从初中起就免交了学杂费。虽然父母坚持供我们三个孩子上了大学，但如果没有国家的帮助，我不知道现在会在哪里奔波，只是一定不可能在大学里读博士。

选择上免费师范

    在父母的殷殷期盼下，我从小树立的唯一梦想就是上大学。小学六年级时，我一听上学免费就毫不犹豫地参加了新疆内初班考试，但没有考上。初三时我又参加了内高班考试，得了495分，虽然总分达到分数线，但有一门单科成绩差了几分，最终没有被录取。这两次失利对我打击很大，但在父母和班主任老师的安慰、鼓励下，我很快走出了失败的阴影。从高中开始，我更加努力，在高考中取得了 427 分的好成绩。我的哥哥连续三年参加高考成绩都不理想，最后一次和我同时参加高考，终于幸运地通过了。我和哥哥将一起上大学，这本是我家双喜临门的好事，但却将给父母带来更为沉重的负担。本来我一心想去内地圆大学梦，在这一刻我却只能放弃梦想，最终我第一志愿选择了疆内免费师范生培养基地——新疆师范大学。

很快我收到了录取通知书。深圳对口支援喀什市，每年会通过市教育局对喀什市的 26 所中学的高考状元发放奖学金。由于我是乡中学当年的理科类高考状元，很荣幸获得了 5000 元奖学金，同时还得到了乡中学 2500 元奖学金。我想要把这 7500 元全部给父母，但父母非要让我把钱存到银行，只允许用来上学。这笔钱成为我后来几年的部分生活费。

随后的师范生生涯我依旧刻苦学习。大一刚开学那会儿，我在学校图书馆外遇到了一位学长，他正在背英语单词，我好奇地问他为什么学英语，他说考研需要英语，所以必须得趁早准备。于是我也从零基础开始了英语学习。新疆民族班不开设英语课，我只能自学或参加培训机构，我利用周末和假期不停地学习。功夫不负有心人，经过两年半的不懈努力，我通过了英语四级考试。

姐姐大学毕业后顺利参加了工作，家里人终于品尝到了教育带来的甜果，这更加激励我要好好学习。由于我不需要交学费，学校还发助学金，有时候我还出去兼职，因此很少让父母给我生活费。我本科期间成绩较好，还获得过几项奖学金，为后续考研打下了良好基础。

在新疆大学读研

我哥哥大学毕业后当了人民老师，家庭经济条件更加好起来。为了不辜负父母的期望，我学习上更加使劲，2016 年考入新疆大学攻读硕士研究生。在本科时以上课为主，而读研究生则以实际的实验操作为主。我的科研生活刚开始特别不顺利。我的导师马纪教授研究低温分子生物学，他从课题组小胸鳖甲（超耐寒的一种昆虫）的低温响应转录组数据中，筛选了我们感兴趣的一个基因，打算克隆测序验证，计划下一步研究低温响应方面的具体功能。刚开始我不会提取 RNA（核糖核酸）和反转合成 cDNA（互补脱氧核糖核酸），一位师兄给了我一点当时做转录剩余的 cDNA，我以这个 cDNA 模板做了 PCR（聚酯合酶链式反应），很容易扩增出来了目的条带，但切胶回收失败了，不幸的是 cDNA 模板也用完了。之后我自己提取 RNA 后，核酸胶检测和定量结果也很好，反转合成的 cDNA 使用内参基因验证没有问题，但 PCR 扩增不出来。就这样我每天反复，一共做了六个月 PCR，尝试了降落 PCR、温度梯度 PCR、引物梯度 PCR、模板梯度PCR……反正能尝试的 PCR 都做了，死活扩增不出来。当时我几近崩溃，对这个 PCR 绝望，感到实在做不下去了。

我和导师一直觉得都很奇怪，明明刚开始能扩增出来，后来为什么扩增不出来呢？之后我用 NCBI（美国国家生物技术信息中心）数据库结合软件分析了该基因的结构，分析过程中我注意到该基因含有一个特殊的结构域，即 DABB 结构域。我认真阅读了关于 DABB 结构域的中英文文献 50多篇，发现含有 DABB 结构域的蛋白主要存在于植物、细菌和真菌中，在动物中尚无报道。最后我和导师猜测正在扩增的基因可能来源于细菌，也就是说当时做转录组时，用于提取总 RNA 的昆虫可能含有细菌或者昆虫体内存在细菌等原因。我自己提取总 RNA 时可能没有该细菌了，所以扩增不出来。我还发现含有 DABB 结构域的蛋白的具体功能仍不清楚，尚无关于 DABB 类蛋白的综述文献，因此我决定动笔写一篇论文，我整理了读过的相关文献，同时用数据库结合 mega、DNAman、cluster 等软件分析了DABB 结构域蛋白在动物、植物、真菌和细菌中的氨基酸差异、保守性、进化关系，综述了含有此结构域的蛋白的物种来源，对植物和细菌 DABB类蛋白的研究现状进行了总结，并对该类蛋白的研究与应用前景进行了展望。马老师很有耐心，她对论文一字一句地细心修改了九次，每次都给予我宝贵的建议。投稿、再修改后，我终于发表了研究生生涯的第一篇文章，当我的名字印在期刊上时，我感到无比高兴。马老师用她和蔼可亲的态度、钻坚研微的科研精神以及悉心的指导深深地影响了我整个研究生生活。同时我也向她学到了如何快速撰写文章的能力。

研一第二学期时，马老师退休了，我调给了同一个课题组的刘小宁教授，开始了新的课题。有前期几个月的失败经验，加上刘老师的精心指导，一段时间后我开始做出来一些实验结果，当自己辛苦换来的成果被老师肯定时我感到非常高兴，也特别有动力。我从小反应不是很快，但喜欢思考，我越来越发现自己很适合搞科研，慢慢地我越来越喜欢做科研，几乎每天10点到23点都泡在实验楼，要么做实验，要么读文献，遇到问题喜欢跟实验室的小伙伴一起讨论，一起度过美好时光。

刘老师知道我以后还想继续读博士，对我要求也非常严格。刘老师手下有8位研究生，只有我没有去过新疆以外的地方。因此当我后来有了科研成绩，为了鼓励我，刘老师特意带我出疆去参加学术研讨会，让我在学术舞台上展示我的报告，我还因此荣获了一等奖。这样的学术活动让我受益匪浅，更加坚定了读博的想法。刘老师一丝不苟、严谨细致的工作态度，一直影响着我的科研工作和学习。我向她学到的不仅是专业知识和科研能力，还有处理各种事务的能力，快速分析、找到实验失败原因的能力，辨别事情主次的能力。在她的影响下，我养成了做事干净利落的习惯，能在较短的时间里完成各项工作。在她的精心指导下，后来两年我又以第一作者的身份发表了4篇文章。由于课程成绩较好、科研能力优秀，我获得过自治区奖学金两次，每次1万元。对马老师和刘老师的培育之恩，用语言难以表达我的感激之情。

东南大学终圆梦

硕士研究生的经历让我深刻领悟到平台对于科研者的重要性，从儿时起我就想去祖国内地读书，这个梦想在我的脑海里萦绕了十多年。研二时我们课题组新来了一位老师——马小丽，在她的推荐下，浙江大学的周文武教授表示欢迎我报考他的博士生。浙江大学博士生招生规定六级460分以上可免考英语，但我最高分才424分。2019年3月，我到浙江大学参加博士生入学考试，虽然两门专业课成绩很好，但英语还是差了几分，最终没有获得复试机会。虽然我的英语主要依靠的是自学，基础不是很扎实，但我没有因这次失败而停下脚步。

2019年9月，我再次发起考博冲击。我给南方科技大学、中山大学和东南大学等很多高校的博导发送了简历，东南大学生科院的林承棋教授对我的情况颇感兴趣，让我给他汇报一下科研工作。我精心准备了一份PPT，在线向他汇报，经过自我介绍、汇报工作、回答问题等一番交流后，林教授表示愿意培养我，希望我能成为一名对新疆发展和建设的有用人才，他非常欢迎我报考他的博士生。2019年12月份我来到东南大学参加了博士生复试，成绩通过，实现了读博梦，实现了儿时就有的在内地读书的梦想！我非常感谢林老师，感谢东南大学生命科学与技术学院，感谢东南大学录取我、培养我。

其实读博士各方面压力很大，我曾经犹豫过，但从来没有放弃。第一次离开新疆来到内地生活，我得把时差倒过来，慢慢适应陌生的环境，晚上要跟远方的家人和亲朋好友打电话、视频通话，早上还得按时上班工作。我在实验室里得抢约仪器设备，预约不到就只能熬夜做实验。在新疆大学读研时我没有熬过夜，但在东南大学有做不完的实验、读不完的文献、干不完的工作、开不完的组会……

我相信读博生涯会又一次改变我的命运。作为土生土长的新疆维吾尔族知识分子，我一直在党和国家的关怀下成长，我希望学成之后回到家乡，把家乡建设好，以此来报答国家。目前以美国为首的某些西方国家政客，把中国的和平崛起歪曲渲染为"中国威胁"，总是对新疆各项事业指手画

"努力是普通人实现梦想的公开秘诀"

脚、是非不分、颠倒黑白，甚至拿新疆棉花大做文章，以达到破坏新疆发展的邪恶目的，打乱中华民族伟大复兴的步伐。对此我们要保持清醒的头脑，时时刻刻远离破坏分子，不给其利用的机会。我们要珍惜来之不易的和平安宁的生活，只有国家强大才能保障我们的幸福生活，新疆的和谐稳定正是来源于党的正确领导。我要感恩祖国、感恩党，我也将为建设一个更加美好的新疆而贡献自己的力量！

作者为东南大学生物学专业 2020 级博士生

走过了东大，
走向了生命科研这条"不归路"

◎ 胡慧祯

做实验，看文献，分析数据，写记录，为线虫养老，剖小鼠大脑，和细胞斗智斗勇，这是我现在的生活。没错，我也与千千万万科研人一起，走上了生命科学研究的"不归路"。尽管这条路多有艰辛，但是探索生命科学奥秘，一点点地认识大自然的喜悦冲淡了一切，我喜欢这样的生活。

而这样的生活，是在我遇见东大之后才慢慢发现的。故事要从那个夏日的午后，我还在那个偏远的小乡村时说起。

再不改来不及了

那已经是填报志愿的最后一天了，不得不做出选择点击哪个确定按钮了。小乡村消息闭塞、资源匮乏，几个人合用的高考志愿参考书不知道传到了谁手里，志愿抉择和各个任课老师还有亲人们都谈过了，我还是没有定论。大家都没有足够的经验，只说女生应该学会计，或者当护士，或者直接去师范院校将来当稳定的教师。他们说，即使分数不错，还是应该保险，农村的孩子不能冒险。即使拿着高出一本线很多的年级第一的成绩，他们也还是推荐就报个普通的一本，第二志愿再选两个二本学校，总会有戏。学校机房的老师帮忙填写志愿申报的时候，我所有的坚持只剩下了每个志愿后填的专业——无一例外都是生命科学或者生物学。我也不知道应该选什么，只是生物学世界更让我向往。

那年家里没有网络，没有便利的手机，还是在时间快截止时，哭着和外地工作的哥哥汇报了最后的选择。确实是心有不甘，为什么就只能选最保险的，为什么做了这么多还是无法得到更好的选择？哥哥气急败坏，"还是应该到南方看看，就东南大学，早帮你看好了，你偏不听，肯定能上，再不改就来不及了"。挂完电话，远方的哥哥匆匆忙忙帮我修改了志愿。我恍如隔世，突然感觉人生有了新的期待。

不出所料，从此以后东南大学就进入了我的生命，生物工程系的生活也为我正式开启了生命科学的神奇之门。

这一生做过无数的选择，也听过无数的劝，有过许多犹豫不决、举棋不定之后的最终抉择，从来没有哪一个像这个选择一样如此戏剧般地改变了我的人生轨迹。也是在这里，我才意识到外面的世界有多大，要是屈居小圈子，身边人善意的建议不知会抹杀多少可能性。

突如其来的不及格

正式成为东大生工系学生了，全新的挑战也摩拳擦掌地接踵而至。那时候没用过电脑，没用过手机，上课后还发现好多基础知识我们小乡村里的老师根本就没有讲过。网上信息申报与选课不会弄，大物、高数也傻傻地跟不上；每天泡图书馆、去机房加学，方法不对，期中考试的大物最终还是落了不及格。

那可真是焦头烂额、怀疑人生的一段日子，想着会不会挂科、会不会被退学。这个城市我才刚来，我还什么都没有，似乎无法立足。都市的生活，总是充满了无限的可能性。所幸在舍友们和小伙伴们的帮助下，我也开始慢慢步入正轨，从自卑中慢慢走出。这次不及格的经历，在期末考试的时候也被新的成绩覆盖。

考试的不及格只是这诸多冲击中最明显、最易察觉的。东大的生活与学习，一步步将我从那个闭塞的小乡村里拉出，一点点教我看清外面的世界和人。以前，我是一个只知道听话懂事的小孩，村子里的生活就是所有，读书就是为了有好成绩然后继续读书。现在，我开始正式成长，成为这个世界的一分子，读书是为了更好地认识这个世界，将来更好地生活。真的庆幸走了出来，见到了世间的参差，也看到了自己的渺小。

生物世界真繁华

正式接触心心念念的专业生物学知识了，分子生物学、细胞生物学、发育生物学、免疫学、病毒学……真是令人目不暇接，不同的时间、空间与生理过程为这个奇妙的生物学世界又增加了一丝神秘的色彩，不得不赞叹生命科学的变幻无穷。酶工程、蛋白工程、发酵工程与药理学也一步步地带领我们领略着生物学与日常生活的交融与联系，每时每刻的生活都感觉在和生物学相伴。

生物学世界的画卷一点点地在我们的眼前展开了。糖类、脂类、蛋白质在酶催化下一点点地在我们体内发生着化学反应，渐渐变成我们身体的一部分。病原入侵时，各级保护屏障分步开启，各类免疫细胞与因子竞相出动，维护共有的家园。酱油、醋、啤酒和葡萄酒也在各自的原材料下经由发酵过程变成各具特色的产品，摆上了我们的餐桌。生物学世界的美妙难以道尽，虽然我们难以亲眼瞥见全貌，但是它们就在那里，默默地发生，慢慢地变化。

也是在这时，我动了想要继续走科研道路的心思。这么美好的生物学世界，为什么不可以去亲眼看看呢？去实验室，自己去发掘更多的美好。只不过到这时，这还只是内心的一丝丝悸动，并不是坚定前行的理想。

生科老师来探亲

那时，生物工程系属于医学院。多少次医学院的年级大会，通知中总有一个括号注明，除生工系外其他专业参加。每一届全系只有20来个人组成的一个小班，不少同学还是调剂来的，不少人想要逃离。我们也在怀疑这个专业存在的必要性，质疑生物学的出路，毕竟只靠着喜欢，有时候并不能生存。

那天，从生科院来的老师授课的时候提到了生工系的本科生本来是为了生科院培养研究生设的，我们突然仿佛一下子找到了亲人，知道这个专业的存在是有价值的，知道来到这里不是多余的，也知道了将来的出路还有不少。虽然有点迟，但是这给了我们一剂强心针，我们完全可以继续去追求生命科学，它不是只能被边缘化的一个专业。

选择它就不失业

神经生物学课上，赵春杰老师自信且坚定地说，"选择了它我就永不失业"。她说的，是神经生物学，当时讲到了神经退行性疾病，提到了它的诸多未解之谜。因为未解太多，所以永远有研究不完的东西，也就永不失业。如果之前只是觉得生命科学奇妙的话，那现在，我是深深地陷入了神经科学的巨大黑洞中，因为未知，愈感奇妙。

大脑中的复杂世界引发了我强烈的好奇心，一个个未解的问题牵动着我的思绪，我急切地想知道它们的答案，它们神秘的面纱下到底隐藏着怎样的真相。赵老师眼中流露出的热爱与激情也深深地感染了我，这是一个多么有趣的世界，值得更多的人喜欢，这也是我想成为的样子。

报考研究生的时候，孤注一掷地只选了国内研究神经生物学最好的一个单位，现在想来还是有些后怕——居然没有考虑选不上的后果。

"离别是为了更好的相遇"

还想继续找答案

现在想来，我所走的每一步，都在把我推向科研这条道路。不管是教科书上一个个引人入胜的生物学过程，还是课程实验时那一个个短暂的奇妙现象，抑或是本科生科研训练中那一次次实验的喜悦。我还想继续找答案，我想亲自去看，去做实验揭露生命科学的一个个真相。这件事本身就非常有趣，尽管个人所能挖掘的只是冰山一角。

感谢在东大的日子里所遇见的每一位任课老师，你们对于知识的讲解，对于生命科学的激情，对于实验的认真态度，对于培养学生的耐心教导，引领着我们去追寻自己的未来。我找到了生命的意义，那就是去寻找答案，去探索未知。

离别总是太匆忙

四年时光匆匆而逝，离别的日子总是来得猝不及防，转眼间我脱离东大学子的身份将近五年。然而，东大的一切都在我的生命中打下了深深的烙印。在这里，我结识了天南地北的小伙伴，有许多还是医学院的同学。我们一起成长，一起各奔东西，图书馆、自习室、玄武湖畔、狮子桥、夫子庙……到处都留下了我们的足迹。就在这里，学习，生活，思考，成长……一点点准备好，迈入下一段人生历程。

遇见东大之前，我在小学、初中与高中，一直心智未开、一片混沌，可是离开东大之际，我已不是当日那个畏首畏尾的乡野小孩。我的一生，因为走过了东南大学，才有了新的方向，那是值得一生追寻的方向。

感谢那个夏日午后的缘分，把我们紧紧系在了一起……

作者为东南大学生物工程专业 2017 届本科毕业生
现系中科院脑科学与智能技术卓越创新中心（中科院神经所）硕博连读生

我在东大的博士后岁月

◎ 杜　好

2016 年底我完成硕博连读，从中科院上海生化细胞所毕业，告别了岳阳路 319、320 号大院，回到了南京这个阔别五年的第二故乡。

我现在仍然能够想起，自己在 319 号大院环境清幽的二层小图书馆前与老史打电话的情景，头顶是巨大的乔木，脚踩在纤细的草坪边缘石上，慢慢踱步，左右摇摆，考虑是否要给山东的院校投递简历，是否要在上海找实验室做博士后。不过后来终究还是回了南京，不仅仅是因为我爱人老史已经在南大做了博士后，更主要的是因为我联系上了东南大学生科院的林承棋教授，他正在研究一个新蛋白并发现其与一个 RNA 脱尾酶复合体有紧密相互作用，而这个复合体恰好是我博士课题的主要研究对象。当时林老师还没有回国，在与他视频沟通后我便做了决定。

南京是我上了四年大学的地方，但活动范围主要在卫岗附近。东南大学在四牌楼一带，是文化厚重的老市中心，学校安排的博士后公寓就在校园旁边的石婆婆巷里面。小巷一头是市井喧嚣的丹凤街，另一头是清幽典雅的进香河路，据说下面有条暗河叫进香河，因旧时人们坐船沿河去鸡鸣寺上香而得名。博士后公寓靠近丹凤街一头，是名副其实的闹中取静。进了大门第一栋的三楼便是我的住所，我公公托朋友将所有房间粉刷一新。公寓在三楼，南北通透，房前屋后有一些桑树，每到春天会把桑葚送到窗前，任君采撷。楼背后有一片小树林，树木种类杂乱，天然去雕饰，大多叫不出名字。后来这里变成了我们的专用停车场，距离单元门仅一步之遥。有一次晚上出门散步，刚出单元门一只不明生物突然扑到腿前，吓我一跳。后来发现它摇头摆尾，相当热情友好，手机一照原来是只棕色卷毛小狗。我被它黏上了，我和老史没有办法，就把它带回家洗了澡，开夜车出去看兽医，确认其健康无病后准备送人领养。奈何小狗是地包天，面貌稍丑没人要。我们想它的主人估计就在附近，于是带着它在巷子里转悠，正当我们向修车人打听之际，一位买菜阿姨走过，小狗随即跟在她身后，我们心头一喜，赶紧躲在一边。后来就再也没见过它了。

这间公寓给我留下了很多独特的回忆——窗外嫩绿的桑叶打碎午后阳光投下油画般的光影，阳台晾晒的衣服常常有小米粒一样整齐排成片的椿象卵，梅雨季节背阴的小房间静静滋长霉斑，我家小猫睡在阳光充足的飘窗吊床上……

还有"闹鬼"事件。有一次在卫生间洗澡，我把推拉小窗户往下拉到只剩一条小缝，但是晚上上厕所时赫然发现窗子已经被开得很大，而老史根本没动过窗户！我吓坏了，在确定了房间没有进人之后，俩人开始一通分析，房间在三楼，而且窗户很小，很难容人通过，难道是某个变态扒窗偷窥？而搬进公寓后不久我的一个文件袋就不见了，于是果断报告宿管阿姨，还查了监控，但仍然没有抓到"鬼"。后来某天，我又将小窗户拉下，鬼使神差地，我没有立马转身，结果发现窗户正极其缓慢地向上移动，如果不是有纱窗的小格子作为参照则很难发现。我哭笑不得，难怪这窗户向下拉的时候需要用大力，原来窗框是上松下紧的。

早上起床，穿过巷子，进入校园，在榴园宾馆外卖窗口买肉包和豆浆；

绕过操场，进入李文正楼实验室，开启一天的工作。

为了验证新蛋白对 RNA 脱尾的影响，我需要重建整个实验系统。在林老师的大力支持下，我很快购买了全套的 Northern Blot 设备与试剂，从垂直电泳槽到半干转膜仪，从紫外交联仪到高温杂交炉，还有罗氏的地高辛试剂盒，并在寸土寸金的实验室开辟出一个 Northern Blot 专用实验桌。虽然这一实验系统在我读博的实验室运转良好，但把它移植到新的实验室，仍然遭遇了重重问题，导致信号极弱。Troubleshooting（解决难题的）工作是最磨人的，尤其是对于工序冗长的实验，要逐一排除有可能出问题的材料和试剂。经过反反复复的摸索，我最终确定了要用 lipo3000 转染试剂配合高级血清诱导细胞才能得到较好的信号强度。至于到底为什么实验系统换了地方就变弱了，仍然无解。好消息是新蛋白的确能够影响 RNA 的脱尾。为了验证其中的分子机制，我还需要新建一个体外 RNA 脱尾实验系统，对于这种身边人都没做过的实验，就更困难一点了，好在经过查阅文献和反复试验之后我也成功了。最后，为了验证新蛋白是否影响细胞内源 RNA 的尾巴长度，我需要做一个高通量建库测序 TAIL-Seq，这是一项非常新的技术，不久之前才被国外同行发表于 *Molecular Cell* 杂志，国内仅有一家公司宣称开展此项服务。我一方面担心那家公司可能不靠谱，另一方面对于自己建库也缺乏信心，但林老师给了我很大鼓励，表示我可以放手一试。于是我满怀信心地开始，从设计合成接头，细化到上面的各种修饰有什么功能、是否必要，到各种酶的选购与反应条件摸索，从磁珠富集与洗脱，到胶回收和 PCR 循环数的测试。然而初步结果却以引物二聚体为主要产物而宣告失败。通过后续一系列实验的逐步排除与验证，我最终通过增加一步胶回收而去掉多余的接头，成功得到了目标文库。

现在想起来我还挺佩服自己的。结合其他各种实验结果，我们为这个新蛋白的作用机制进行了较为细致的阐释。令人紧张的是，国外一个实验室也发现了这个新蛋白与 RNA 脱尾酶的作用，文章预印本刊登于 *BioRxiv*，说明他们已经投稿于某杂志了，于是我们不得不加快成文。感谢罗卓娟教授和林承棋教授的反复修改与多次投稿，文章终于被接收。这其中也少不了各位合作同学的辛勤付出，尤其是免疫沉淀达人 X 曼、载体构建大神CC、细胞编辑专家车车等。

提起实验室之外的校园生活，我首先想起的是通向南大门的梧桐大道，最美的是秋天落叶铺满地面，最烦的是春天毛絮散落四处乱飞。还想起拥挤的沙塘园食堂、蓁巷的美味螺蛳粉和成贤街的众多面馆，还有令人难忘的校医院——我在那里入职体检的时候上了个厕所，不料手机意外掉出，我眼睁睁地看着它消失在黑洞洞的下水管里，真是欲哭无泪。后来买了新手机并换了新号码，居然让朋友以为是我果决地开始新生活的象征。想起成贤街的活动中心，我和学院女教师们一起跳肚皮舞的盛夏时光。想起校园里有一位身材瘦弱的阿姨，每天傍晚用自行车推着大袋的鸡鸭肉和清水，走遍校园投喂可怜的小猫咪们。对于困在房顶的几只小猫，她还要抡起膀子全力投掷食物，我试了一下却以失败告终。我对阿姨说"真佩服您啊"，阿姨说没办法，不来喂它们要饿死，良心过不去，但是家里负担也重，还要做饭、接小孩、带小孩，天天风雨无阻坚持来，身体也快吃不消了。阿姨说李文正楼下的一只小花猫，带着粉色项圈，明显是被遗弃的，"可怜哦，脖子要被勒坏的"。后来我拿来了剪刀，提议我俩一起把它的项圈剪掉，结果小猫拼死挣扎逃跑，不仅没卸下项圈，还把阿姨的手抓得鲜血淋漓，我愧疚极了，阿姨忙说没事的，她打过疫苗，被抓是常事。我回实验室讲了这件事，车车找来了消毒棉球和创可贴，我俩在夜色中寻找，幸好在操场边追上了阿姨，帮她处理了伤口。阿姨不断感谢，我心里有点不是滋味，十分感激心地善良的车车。

2019 年末博士后公寓三年到期，我们一家搬到了迈皋桥附近。后来就爆发了新冠疫情，校园和城市逐步开始了防控管理，我就在家修改文章，直到 2020 年 3 月离开南京。回想这段岁月，还有很多事情和情景浮现于脑海，它们融入我的大脑，塑造我的精神，陪我在新的城市新的工作岗位展开人生的下一阶段。

作者 2016—2019 年为东南大学生物学博士后

现就职于四川大学华西医院

"我与 Data 在博士后公寓阳台"（2018）

生命之真

◎ 麻　利

存在便是永恒，因为众多法则守护着生命的精髓，而宇宙因生命而绚丽。

——歌德

人类主体是一具用符号链（裹尸布）缠绕起来的空心木乃伊。

——雅克·拉康

2010 年的 8 月，当我第一次走出南京站时，迎接我的是水汽朦胧的玄武湖，以及在北方只有在澡堂里才能体验到的蒸腾感，炽热而潮湿的空气让人眩晕。

我的大学生涯也是在这种眩晕中开始的。我所在的专业叫"生物工程"，校内的编码是 41，是一个只有 30 人的小专业，在前一年被纳入了医学院。大一在九龙湖校区所学的课程基本上是理科通识课——高等数学、大学物理、有机化学、C++……这些看起来毫不相关的课程都在我们的课程表上。那一年里，我们学会了傅立叶级数的展开式，学会了狭义相对论的洛伦兹变换，学会了用乙醚蒸馏萃取精油，学会了递归和嵌套函数……

然而，这一切刚刚学会的知识又被迅速地忘记，虽然这些知识在我们毕业后，又被不同程度地重新拾起。

大二来到丁家桥87号，开始真正的专业课学习。因为挂靠在医学院名下，我们的专业课里包含了诸如解剖学、病理学、免疫学等不少跟医学相关的课程。又因为专业中有"工程"二字，所以还要上机械制图、统计学等工程学方面的课程。可惜我在校时专业成绩惨不忍睹，绩点最高的一门课竟然是大学物理。

真正跟"生物"紧密相关的第一门课，应当是"细胞生物学"。教授那门课的老师上第一堂课时向我们提问："大家为什么会选择生物专业？"我记得大部分人回答的是自己将来想要研究的方向，比如癌症的治疗、阿尔茨海默病的诱因等。轮到我时，我讲了一个让老师有些不知所措的答案："我想了解生命是什么，为什么无序的宇宙中会诞生出有序的生命？"

以我当时的认知，只能隐约感觉到生命的本质是一种秩序。在我看来，生物这门学科形而下的意义，就是探究这种秩序的规则；形而上的意义，则是探究这种秩序的原动力。若干年后，我在《薛定谔生命物理学讲义》里看到了类似的答案——生命不以从有序转向无序的自然倾向为基础，它更像是物质有秩序和有规律的活动，并在某种程度上依赖现有秩序的保存。

薛定谔以量子力学闻名于世，但很多人不知道的是，他也是分子生物学的奠基人。大学四年里，最让人头疼的专业课便是分子生物学了，上、下两册教材每册都超过1000页，要背诵无数的陌生名词和反应公式。如果没有这门课，我永远想象不到——在我们的一呼一吸之间有三羧酸循环——这种需要几十个步骤的复杂反应在支撑。正是那一个个连锁式的化学反应，构成了生命的基本活动。然而感性的认识不等于理性的掌握，我被这门课折磨了两个学期，以至于大学一毕业，想到自己这辈子再也不需要和生物学打交道了，我立即将那两本厚如字典的教材丢进了垃圾桶。然而这也是一个让我后悔至今的决定。

大二下学期，我和同学一起找到了一间实验室学习。虽然只是做些基础的工作，但至少站在科研的大门外瞥见了这座神圣殿堂的内景。这一瞥，也让我意识到自己不是做科研的料，我既无定力阅读大量的文献，也无能力操作复杂的实验。最重要的是，生物实验常常给我一种虚幻感，当我用移液枪将溴乙啶注射进 DNA 试剂中时，总会疑心这一小管无色无味的液体里，真的包含着一个生命的全部信息吗？那些电泳过后跑出的胶带，真的如理论上那样蕴含着一个个 DNA 片段吗？那些培养基里长出的酵母菌落，真的是按照实验意图改造出来的新品种吗？这种不真实的体验，让我最终下决心逃离生物，逃离科研。但我钦佩那些把一整篇英文文献逐字逐句吃透的同学，钦佩那些为了一个数据在实验室里一待一整天的师兄师姐，钦佩那些在科研道路上孜孜不倦探索的师长。他们在这种看似不真实的科学研究里，找到了一条通往真实的路。

　　我那一届的同学之中，有人考取了经济学的研究生，有人转行做了程序员，有人当了物理或化学老师，有人创业自己做了老板……虽然最终继续从事生物行业的寥寥无几，但这四年的大学生涯，依然给了我们宝贵的学习经验。

　　而我则误打误撞地成为一名媒体工作者，无论是高屋建瓴的时政新闻，还是家长里短的社会报道都以一种看似真实的面目充斥着我的生活。人们关心政策的变化，关心股票的涨跌，关心天气的阴晴，关心柴米油盐的价格，关心时尚和艺术，关心脱口秀和短视频……

　　这些似乎都比实验室里冷冻在冰柜里的 DNA 试剂更真实，但却让人的心滑落到一个更缥缈的境地。用法国哲学家雅克·拉康的话来说，这些所谓的"真实"，无时无刻不在侵凌着我们自身。所以，当我在现实世界里被功名利禄缠身，被房贷车贷紧逼，被反复无常的疫情困扰时，我常常会想起丁家桥校区图书馆里那些厚重的专业书，想起书中那些复杂到让人头痛的公式，想起李文正楼实验室里嗡嗡作响的离心机，想起离心机里一管管看不见的 DNA 试剂——那是一种属于生命的真实，有一种内在的秩序之美。每念及此，我原本躁动的心都会稍感安定。

这种不可言说的生命之真，正是我大学四年在东南大学生物工程专业学习最大的收获。毕业多年之后，当我在疲乏的工作中感到无趣时，偶尔会翻看《高等数学》或《大学物理》教材，重温那些"无用"的知识。遗憾的是，我的书柜里永远缺失了两册厚重的《分子生物学》。

作者为东南大学生物工程专业 2014 届本科毕业生

现就职于江苏电视台

饮水思源，2014 年毕业季，告别母校，告别学生时代

我在东大生物追求心中的"善"

◎ 鲍毅非

从 2014 年到 2021 年，我在东南大学度过了七年半时光；从 23 岁到 30 岁，我人生中最宝贵的青春年华，都留给了东南大学这片有着百年历史的沃土。"止于至善"是东南大学的校训，每一位东大人都在这里经历成长，追求着自己心中的"善"。

当我第一次踏入东南大学校门时，我的心情喜忧参半。我是一个土生土长的南京人，从小就一直听着"东南大学"这个名字，模糊地知道那是"别人家的孩子"才能去的地方，平凡又不刻苦的我自然不觉得今后的人生和她会有什么联系。

然而人生在任何时候开始努力都不算晚，能进入东南大学学习，是对我考研付出的一种肯定。当我徜徉在法国梧桐环绕的大喷泉旁时，那一刻的感觉自然十分愉悦。但也是在那一刻，让我忧虑的研究生生涯就要开始了，传闻中枯燥而单调的"科研狗"生活就要开始了。

研一刚开始的半年充满着新鲜感。在这段时间里我学习了很多实验方法，见到了很多本科时未接触过的实验设备。第一次接触到了电生理实验，知道了研究神经细胞放电的实验方法。这些体验让我感到新奇，恨不得立即就去开始科研，去探索未知的生物学奥秘。但是这种新鲜感又是短暂的，当我真正进入实验室开始研究某个科学问题后，重复实验的乏味感快速地消磨了我的耐心，杂乱而毫无规律的实验现象让我不知所措。我什么结论都不敢给出，因为今天以为正确的结论立马就会被明天的实验结果打脸。

在本科时我就听学长们说过读研是多么枯燥而乏味，所以我一直做好了充足的心理准备。但当我真正进入科研时，那种仿佛是关禁闭的感受真的远远超出我的想象。做一件事若能得到一定的成就感，那我相信大多数人都是能够持之以恒的，而做科研难的地方就在于付出和获得成就感的间隔时间实在是太长了，它可能是四年、五年甚至更长，长得让人看不到头……

缺少坚持下去的动力还是次要，更致命的是实验结果总是在打击我的自信心。实验过程中的任何条件、操作都要怀疑，因为引起实验结果变化的因素实在太多太多了。刚开始做实验时，我完全不能判断出什么因素要做精准控制，什么因素可以忽略，但如果考虑所有因素又会感到整个实验无从下手。更让人难以接受的是——我重复教科书上的实验也总是得不到与书上一致的结果。这让我陷入了深深的自我怀疑：为什么别人能做出的结果我却做不出来？我是不是不适合做科学研究？

这些问题一遍又一遍地摧毁着我的自信，我不敢下判断，不敢说想法，不敢相信自己的结果，不知道问题出在哪里。我麻木地重复着实验，总是期待下一次的结果会更好。

迷茫时，困惑时，彷徨时，时间的钟表却从来不会为谁停留片刻。这段时间的我总是感觉很累，睡眠也出现障碍，我时常会有这样的感觉——明明没有做什么，但就是觉得很累。有一天我和几个同学走在林荫大道上，他们在聊着什么，而我还在疑惑着、思考着人生。突然听到他们之中有人感叹道："唉，累什么都不能累心啊。"

这句话瞬间让我意识到了问题所在，我之所以总是感觉累就是因为我心累了。为什么我的心会累呢？因为在研究生之前的生涯里，目标都是清晰而明确的，小学读完上初中，初中上完上高中，高中之后是大学，而大学之后我选择了读研，一切都有标准答案，我只要肯花时间，答案就是放在那里的。虽然有过不顺心，但从没有迷茫过。而自从开始读研后，我做的事情没有了答案，只有无限多的可能性，我要学习的不是答案本身，而是寻找答案的方法。书本、文献以及导师说的结论就是对的吗？那都是他们在一定范围内产生的认知，也许对于我的实验而言，就是有些条件或者某些因素存在差异。不理想的结果背后一定有其原因，不能只是想着结果不对就进行下一次尝试。

我欠缺的不只是专业知识，我更需要的是建立认知事物的方法论。

知道问题出在哪里以后就明确了目标，我开始仔细研究那些不理想的实验结果，主动制造一些条件的极端差异，若是总能复现有差异的结果，那就能一点点明确影响结果的主要因素。哪些因素需要注意，哪些因素可以忽略？这个问题的答案也越来越清晰了。有了可靠的实验方法，验证猜想、总结规律的过程也变得简单起来了。虽然还是会有意想不到的结果发生，还是会时常体验到猜想失败的沮丧，但我至少不再迷茫，不再心累，与之前最大的区别在于我能安心地睡好觉了。

这个方法论是我在读博期间收获的最重要的东西，它让我重新建立了自信，拥有了敢于认知任何未知事物的自信。

在生科院学习期间，学院会定期邀请领域内的"大牛"来做报告，给我们提供非常好的学术交流环境。与读文献相比，我能看到每一个科研工作者研究科学问题的心路历程，了解他们在这一过程中遇到哪些困难，又是如何一一克服的。每次学术报告都很精彩，每个科学问题都很有趣，我也意识到这一个个结果的背后，一定也是重复了千百次枯燥而烦琐的实验。每一个问题解决后都有精彩的结论，但是当它没有被解决时，那就是压在每一个科研工作者身上的一座大山。报告十分钟，实验十年功。每一次的讲座都能给我以鼓励，让我坚持下去，让我坚信：也许再过一周，再过一个月，我的研究就会一样地有结论了。

在网上各种贴吧论坛里，生物学科被人戏称作四大"天坑"专业之首。我在学校里深受这种观点的影响，时常疑惑自己学的知识到底能做什么，社会对我们的需求是什么？我们的研究常常涉及疾病，但又离临床应用很远，离药物开发也很遥远。人如果总是觉得自己做的事情没有意义，那么干劲消失也只是早晚的问题了。在课堂上，老师们会经常介绍生物学历史上的科学家们的研究成果，在那些研究成果发表的时候，它也只是一个结论；而随着时间的推移，这些结论被用上的那一刻，它的重要性才体现出来。这确实能在一定程度上回答刚才的问题，但这并不能让我将目前手上的工作与它最终的意义联系在一起。后来我开始换一个角度来思考这个问

2016 年生科院举办实验室开放日活动，
我担任志愿者向小朋友讲解小鼠学习记忆的行为

题，站在宏观的层面，我们就是国家和高校花费巨量资源培养出的最了解生物现象的人，通过我们的专业能力对生物学现象下判断，能区别这其中的偶然与必然，这种判断能力本身就是我们专业最大的意义。

放到整个国家层面来说，我们"生物人"存在的意义就是为国家去发现生物学的规律。那么生物学的规律有意义吗？我现在的答案是——"有"，并且非常重要。

从现在的工作中我了解到，任何一个医疗行业的技术都源自生物学领域基础理论的突破，不管是临床医疗方案的开发，还是体外诊断试剂的设计，都离不开基础生物学的发展。举例来说，从基因编辑的理论研究中诞生出的不仅是 CAR-T 癌症治疗方法，也是重组抗体、酶等工业产品；从细胞生理性放电基础研究中诞生出的是精神神经类疾病的诊断与治疗及脑电记录设备等，更不用说这几年疫情之下，各种核酸检测试剂盒、疫苗等产品。这些不仅仅与人民的健康医疗有关，也是中国由制造业大国转向制造业强国的关键。我院学生都知道我们买的单抗大多是国外的，我们用的科研设备，如精密测量的仪器也都是国外的，这些高端制造业的产品在时时刻刻地提醒着我们，我们的国家在这些方面的研究还是薄弱的，我们的制造业水平离发达国家依然有很大的差距，而我们的使命就是要在这些产品上印上我们的标签——"Made in China"。

完成这个目标不仅需要产业界的努力，更需要基础理论的研究与高校体制的完善，让高校成为产业界探索可能性的桥头堡。所以我们的每项研究都是有意义的，每一个可重复、经得起推敲的结论都是有意义的。它们的意义如果不体现在当下，那就让后人来赋予，我们有这样的自信就足够了。

七年半的光阴匆匆而逝，我时常会想如果当初没有选择东南大学，没有选择读硕读博，没有选择生物专业，我的人生是否会更精彩？

我知道这个问题是不会有答案的，因为我明白了一点，二十岁的人生注定会经历迷茫，不管我当初选择什么我可能都会疑惑自己是否做出了正确选择。不管过什么样的人生，我都需要找到今后的目标并且坚持下去。重要的不是我当初的选择是否正确，而是我要通过努力让当初的选择变得正确！

感谢东南大学，感谢生命科学与技术学院，在这里我找到了今后的目标，在这里我获得了面对未来挑战的勇气与自信，在这里我与东大生物结下了一生的"善"缘。

作者为东南大学生物学专业 2021 届博士毕业生
现就职于深圳迈瑞生物医疗电子股份有限公司

从测绘工程到生命科学：
我的"穿越"情缘故事

◎ 闫晓彤

交通学院读大一

2014 年高考成绩公布后，我填报了东南大学，但由于分数不够高，最终服从调剂进入交通学院测绘工程专业。

大学里的第一堂课是军训，操场上挥洒的汗水、同学间互助的情谊，是我大学初难忘的记忆。随后的校史学习和丰富多彩的社团、文化讲座等活动，让我感受到了这所一流大学源远流长的历史和深厚的文化底蕴，让我感觉能在这样一所名校度过宝贵的大学时光，是多么幸运的事啊！

然而在真正开始大一生活后，我遭遇了一次较大挫折，那就是第一学期的高数成绩挂科。幸运的是在老师的精心辅导和同学的热心鼓励下，我鼓起信心利用寒假努力复习，终于在补考中顺利过关。

大一下学期，学校的一则"转专业考试报名通知"改变了我的人生轨迹。高考填报志愿时我填报过生物工程专业，我希望这一次能有机会实现自己的愿望。我报名了转专业考试，一位同学开玩笑问我："生物工程是干什么的？卖保险吗？"我笑着告诉她，这是与测绘工程完全不同的一个专业，如果说测绘工程是在还未开垦的土地上谋划未来的高楼大厦、道路桥梁，那么生物工程就是在生物体的基础上描绘各种各样相关研究的蓝图。

我顺利通过转专业考试，从而实现了专业的"穿越"，进入医学院的生物工程专业，开始了自己与生命科学的不解之缘。

医学院读生物工程

进入梦寐以求的生物工程专业，如同实现心愿的孩子，我怀着向往来到位于鼓楼区的丁家桥校区，进入已错过一年的第一志愿专业班级。记得第一次与新班级的同学一起完成课堂汇报作业，大家互相分工，共同制作PPT，课后一起在教室讨论，态度都非常认真，我们的课堂汇报十分完美。在这里我结识了知心好友，融入温暖的新班集体，我在自己感兴趣的领域不断学习，提升自我，对生物学科的喜爱进一步加深。

东大最吸引我的地方在于她的学术氛围，每当走在校园里，公告栏处总是能看到各种各样讲座的海报。无论是与专业相关方面，还是业余爱好方面都可以发现令人惊喜的内容。这些年我在讲座中汲取到了精神上的充足营养，印象最深的是大二时医学院组织的"院士讲座"。杨焕明院士讲解人类基因组测序计划的相关知识，让我第一次较为系统和深入地了解到了测序的原理与应用，不禁感叹现代科学技术的神奇。

在医学院的学习生活中，我不断汲取着知识，也在尝试寻找自己人生的发展方向。大三时我基本确立了自己的目标，希望将来能够从事与生物学研究相关的工作，我决定考研。在选择考研的目标院校时，却总是感到难以抉择。就在这时，生命科学研究院的老师们专程来到医学院，为我们生物工程班的同学举办了一次招生宣讲会。在了解到生科院各个实验室具体研究方向后，我对解密大脑，探索思维、情绪、行为等复杂生命活动的神经科学产生了极大的兴趣。就是在这次宣讲会上，我决定报考生科院。

生科院读硕博

经过艰苦的考研备战，我参加了 2017 年 12 月的研究生初试和 2018 年 3 月的复试，终于如愿以偿地通过，被生科院录取为硕士研究生，开始了一段新缘分。

我成为韩俊海教授实验室的一员，实验室就像一个温暖的大家庭，师姐和师兄是我科研路上最早的领路人。当我还是个研一"菜鸟"时，每当遇到实验上的问题向师姐师兄请教，他们总是耐心地给我讲解实验中的注意事项；当我因操作不熟悉而犯了错误，他们也总是能够包容我的不足。

2020 年初新冠疫情来临后，学校安排延迟开学，同学们都困在了家里，但实验室的小鼠和果蝇仍需要照料。在这种情形下，实验室的老师们妥善安排，申请入校帮助我们照管，解决了同学们的后顾之忧。疫情期间我们

在东大八年，感谢东大培养了我

在家阅读文献，回顾做过的实验，理清研究思路，修改实验计划。待到疫情好转后，各年级同学陆续分批返校，我们又都很快投入计划好的实验当中，继续完成各项工作。

2020年返校之后我转为了博士生，并开始带新一届的师弟师妹们，我尝试学习怎样做好一个师姐。在带师弟师妹们的过程中，我也发现了自己在学习和实验过程中存在的不足。在日复一日的学习与科研当中，我完全融入实验室的生活，切身感受到了自己在两年研究生学习中的进步，我在这里感受到了归属感，也感受到了提升水平、完善能力的喜悦感和成就感。

在东大的这些年，我度过了美好的青春，挥洒过汗水，也拥有了珍贵的体验。东大培养了我，也陪伴我度过了生命中最为难忘的八年年华。值此东大一百二十周年校庆之际，我谨代表自己——一位普通的东大学子，衷心祝愿母校在未来的日子里日新月异，再谱新篇！

作者为东南大学生物工程专业 2018 届本科毕业生

现系东南大学生物学专业 2020 级博士生

我与东大生物的"酸甜苦辣"情缘

◎ 崔鹏飞

　　转眼离开东南大学已近三年时间，多次想回母校看一看，但由于工作繁忙，加之新冠疫情，一直未能如愿。时常点开学校公众号欣赏母校美景，进入校园官网浏览母校大事记，打开音乐听一听"东揽钟山紫气，北拥扬子银涛……"，那些曾经的生活片段又一幕幕闪现，别有一番滋味。

　　南京是一座去了就不想走的城市，她给人的第一印象是像一位博学多才的长者，坐拥悠久历史。她有着不同的城市韵味，既有江南小镇风情，也有喧嚣都市繁华，还有小资文艺情调。要问南京哪个季节最美，她的美藏在四时景致中，可用包罗万象来形容。

　　说起东南大学，她十分低调而从容，在江苏省外问起东南大学，常常会有人误以为在福建。第一次与东南大学相遇还是在我本科三年级时，我本科就读的安徽师范大学生科院与东南大学生科院关系甚好，学院组织我们去东大生科院参观交流。那是我第一次去东大，校园庄严美丽，学术氛围活泼而严谨，老师们和蔼可亲，师兄师姐热情好客，我对东大的第一印象是"极好"。大四时我获得研究生免试资格，就以推荐免试生身份去了东大生科院，开始了与东大生物的情缘。

这段情缘充满了酸甜苦辣，就如同大自然赋予我们春夏秋冬，没有好与不好，都是我们成长中的故事。研究生毕业后，我考选调生当上了公务员，看似与所学专业的关系不大，但读研的学习生活是我弥足珍贵的人生经历。

酸

忙忙碌碌一个星期，实验结果全是阴性，心里是酸酸的。每个星期都要开一次组会，各人汇报本周实验进展，有漂亮结果时心里充满喜悦和自信，然而时常会有"一顿操作猛如虎，最后结果全是零"的结果。想想自己也是一个星期马不停蹄看文章，想思路，做实验，却没有理想的结果，那种心酸的感觉应该是每位生科人都经历过的。工作后发现很多时候也是这样，自己所做的工作没有找对方向、没有被领导认可，看似没有价值，会有无奈，但是从中总结了教训、积累了经验，这也是一种财富。

做实验会累到身体酸痛。说实话，做实验虽说不是什么体力活，但是长时间操作下来会觉得很累。实验室里的"枪头"是共同使用、值日生轮流灭菌的，十来个人一起用，一到快要用完的时候就得赶紧插"枪头"、灭菌，插"枪头"经常会插到手酸。有时候实验安排比较紧凑，可能会连续使用移液器来回加样，看似不累，但也会出现手举移液器加样加到胳膊酸的情况。记得有段时间我们实验室使用的细胞培养液是由自己配制的，分装培养液的试剂瓶要泡酸、洗涤、灭菌，一到配培养液的时候，洗试剂瓶会洗到腰酸。还有长时间做细胞实验，在显微镜下数细胞数到眼睛酸，熬夜写毕业论文写到脖子酸……

丁家桥校区的枇杷也是酸酸的。医学院门口有几棵枇杷树，每年五六月份枇杷成熟的时节，总有人惦记树上黄澄澄的枇杷，我们实验室也不例外。为了吃上一口枇杷，最主要也是好玩，我们会"组团"去摘枇杷。实验室的高枝剪、梯子刚好派上用场，有人拿着高枝剪剪，有人站在梯子上掰，有人在树下捡，还有人一蹦一跳在低矮处摘……每次都分工明确，收获颇丰。拎着沉甸甸的果实回到实验室一起分享，"哇，真酸呀"，大部分果子都是酸的，但我们每年都会去摘，因为过程是快乐的、有趣的。正如不是所有的事情都是朝着自己期望的方向发展，不是所有的工作都能得到满意的结果，但只有参与了、经历了才知道差距在哪里。

甜

实验取得好结果，受到导师表扬，心里是甜的。我进入实验室后全程独自完成的第一个实验——Western Blot，最后曝光的照片背景干净、条带清晰、结果差异明显，受到导师"点赞"，我十分开心。

实验室的蛋糕很甜。十来个兄弟姐妹，还有几位可爱可敬的老师，大家像一家人一样一起学、一起玩、一起吃、一起闹。实验室有个不成文的约定，每个人过生日时请大家一起吃蛋糕，我们基本上每个月都能吃一次蛋糕，不同品牌、不同造型、不同口味，"寿星"也得到了所有人的祝福。快乐是加倍的，甜也是加倍的。

苦

熬夜看书很苦。研究生期间给我印象最深刻的一门课程是分子生物学，书本是英文的，PPT内容是英文的，老师讲话是英文的，考试试卷也是英文的……我的英语不太好，老师上课讲的很多内容我跟不上，课后要花大量时间复习，还要做好预习，那时候我经常在实验室熬夜学习。现在我从事着别人眼中的"办公室"工作，但是也会为了应对突发性工作顾不上吃饭，为了研究、制定一份文件熬夜到凌晨，为了某一项工作挨家挨户去摸底调研。其实没有哪一份工作是简单轻松的，没有人走得了捷径。

自己正在研究的内容发现有人已发表，心里很苦。研一下学期是构思课题、确定课题的时候，我花了一个多月的时间钻研实验室前期的研究内容，查阅了大量文献以发散思路，最后确定了一个研究课题。沿着这个课题思路，在导师的悉心指导下，我取得了一些理想数据。那时候我每天充满干劲，对这个课题抱着很大的信心，直到有一天，我突然查阅到一篇刚刚发表的文章竟然和我在做的内容基本一致：同一种疾病，同一个分子，只是用的工具细胞类型不同，研究结果也和我的预想一样。我心理上受到打击，整个人都泄了气，好在我遇到了一位好导师和实验室一帮好兄弟姐妹，是他们开导了我。现在工作中同样时常会感到"压力山大"，这些都是正常的，我需要做的就是排解压力、找到动力，而绝不是一味地堕落、"躺平"。

辣

细胞冻存管炸裂，崩到脸上火辣辣的疼。有一次从液氮罐中复苏细胞，我取出装冻存管的盒子，正在一个一个找细胞，可能是里面有很久之前冻存的细胞，冻存管质量不好，密封不严实，有液氮灌进去了，加之天气有点儿热，刚找了几个就听到"砰"的一声，有冻存管炸裂了，"砰砰砰"又连续炸了几管。当时现场真是惊心动魄，没人敢靠近，直到最后没声音了才敢把盒子放回液氮罐。情绪冷静下来后感觉到脸上火辣辣地疼，才发现脸上红了一大片，原来冻存管的碎片崩到了脸上。后来有一段时间去复苏细胞都有点儿胆战心惊了。

其实，研究生三年的学习生活是非常难忘的，远不止"酸甜苦辣"就能概括完的。我十分怀念这三年的时光，尤其是想念亲爱的导师和实验室的老师们、兄弟姐妹们。借此机会，祝愿母校越办越好、永远辉煌！祝愿领导、老师工作顺利、家庭幸福！祝愿各位同学学业有成、前程似锦！

传道授业者、人生引路人——感恩遇见导师张建琼教授

作者为东南大学生物学专业 2019 届硕士毕业生

现就职于安徽省临泉县委办公室

做一颗发亮的小星

◎ 易聚康

2004 年 9 月我离开家乡湖北襄阳，来到丁家桥 87 号东南大学丁家桥校区，成为东南大学首届生物工程本科班 32 名学生中的一员。本科毕业后，我有幸继续攻读了硕士学位，在东大生物工程专业度过了 7 年的求学时光。

第一届生物工程的学生受到了不少优待，我们的任课老师对我们每一个人都倾注了很大的心血。记得刚入学时，第一次新生座谈会上，我们的院长、"长江学者"特聘教授谢维除了对我们表示欢迎之外，另外提到的唯一话题就是诚信——做人诚信和学术诚信。以诚信品质为基础，成为日后我们求学和工作中遵循的第一原则。后来我们班级的各种活动，如春游植物园、参观古生物博物馆、班级谈心会等，谢老师基本上都参加了。谢老师给我们留下了难忘的印象！

大二时，学院举全院之力开设了专业特色课程——模式动物。这门课邀请了很多著名的学者为我们讲述生物学领域如何利用模式动物来解决一个个生命科学的问题。从生命起源到人类的生长发育，从小分子药物设计到组织器官的移植……知识的海洋浩瀚无边，各位专家侃侃而谈，不仅仅

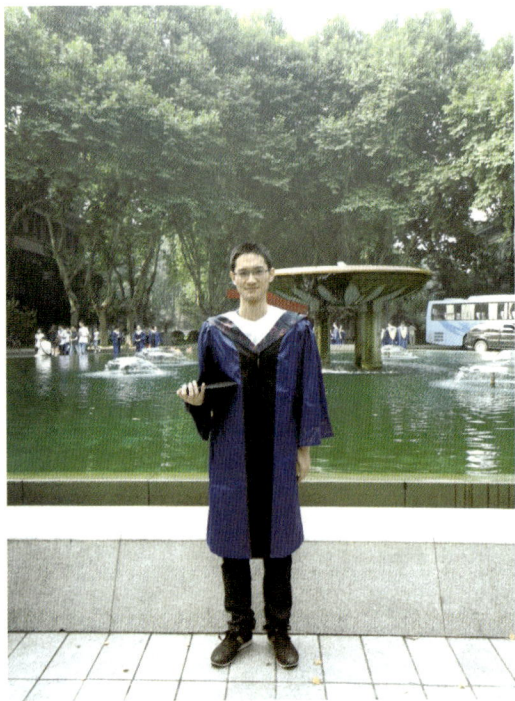

那时的我，感觉还很帅

是知识传递、头脑风暴，更影响着我对这个世界的认知，让我更加客观、科学地认识这个世界。学了这门课程之后，我以见习生的身份在王大勇教授的实验室接触了秀丽线虫作为模式动物的研究。

我的本科时期是在 2004 年至 2008 年，那时候丁家桥校区的条件并不是很好，教室和宿舍都没有空调。南京的冬天非常冷，周末的早上我都很早起床，去抢占有空调的图书馆自习座位。如果没有抢到图书馆的座位，那就要在刺骨的严寒中学习了。

本科毕业后，我很荣幸地成为我们班唯一一个师从谢维院长的研究生。研究生阶段的课题是果蝇神经发育研究用的单抗制备，这个课题需要我养果蝇、养小鼠、养细胞，做 PCR、蛋白纯化、Western Blot 等生化实验。研二时我经常做实验，有时从细胞房回到实验室已是晚上 10 点多了，自以为已经做到很晚了，但此时总有师兄师姐留在实验室等着自己的实验结果。显然我远不是最勤奋的那一个。

研究生阶段带我的学长是邢广林师兄，他教会了我很多实验技能。邢师兄是一个很有实验节奏感的人，实验操作的每一个步骤在他手里总是平平稳稳，一板一眼，不急不躁。他在研究生阶段做出了一个很难得到的果蝇突变株，这让我看到了一个人有天赋会是什么样子的。邢师兄也是一个勤奋的人，早上经常第一个到实验室。周末在多数人都休息时，也总能在实验室找到他。

我们实验室的组会都放在晚上，因为谢老师白天几乎没有空。在组会上，除了讨论学术问题，谢老师说得最多的是我们要勤奋、正直。工作多年后，我在这方面有了更深的体会，虽然在学校的学习时间只有短短的几年光景，但学到的知识和技能却是以后立足于社会的基础。毕业后这种单纯又勤勉的学习氛围和节奏基本结束了，在漫长的人生生涯中更需要有大智慧让我们继续前行——那就是保持着正直的心态，一直不断地勤奋努力。

18 岁是成人的开始，我的成人始于东大生物的求知。在东大生物工程学的 7 年光阴，我收获了知识和技能，更收获了正能量的人生观、世界观和价值观。

聚是一团火，散是满天星。感恩在东大生物工程学遇到的所有老师和同学，在以后的人生道路上，我将继续前行，去努力做一颗发亮的小星。

作者为东南大学生物工程专业 2008 届本科毕业生、遗传学专业 2011 届硕士毕业生

现就职于光大环境科技（中国）有限公司

一位生物学博士的精神"四界"

◎ 汪　锐

时光如梭，白驹过隙。恍惚之间仿佛又回到初次来到东南大学时的情景，一切都是那么近又那么远，回忆中的点点滴滴似乎隔了一道雾气，看不真切。春天淅淅沥沥的雨水，夏天聒噪的蝉鸣，秋日窗外的落叶，冬天午后的暖阳，在东南大学求学的日子里它们一起陪伴着我，和我共同品尝路途中的酸甜苦辣。如今临近毕业，想把这段时间的感受记录下来，但我并非文笔细腻之人，无法一一勾勒出自己当时或者现在的心境，只是捡几处不大不小的事情略作陈述，也不知道多年以后的自己看到这些记录会是什么心情。

一、与"历史"共眠

在求学期间我有一段时间经历了非常强烈的负面情绪，尤其在延期、延期又延期的时候，而在焦虑、失望、消沉和窒息的情绪侵蚀我的时候，伴我入眠的是《百家讲坛》中各位名师的声音，我在耳机上反复播放一期又一期的节目，跟随着王立群老师、蒙曼老师和方志远老师等人重新学习历史。虽说是学术之外，但也算是在历史领域跟在大咖后面听了一次又一次的精彩报告。本人对历史课本上的内容不感兴趣，但是在这些名师的讲述、分析和描述之下，历史又变得生动活泼起来，不再是平铺直叙的文字，而是有温度的人的历史。从中华文明初启到朝代更替，一切都在变化发展之中，时代赋予人的命运，被记录下来的豪情和悲悯也只是一部分。和历史上大多数年代里的大部分人一样，我只是芸芸众生中的一员。我既是普通人，那我的烦恼也便是普通人的烦恼。

之前经常听到"历史的长河"这个词，自己写作文也会用，但是只有近距离观察后再远距离看一看，才发现这个词所言非虚。如果换作考试时候的我，"历史的长河"足以将我溺毙，而现在的我感受到的是自由和浩瀚，以及自身的渺小。除了时间上的渺小，在茫茫宇宙的空间上，我们的星球也只是深邃宇宙中看不见的一个点，或许只有地心引力才让人类有一些回到现实的感觉，显得不那么飘。可能只有把自己放小了，自己的问题才会变小。不知道这是不是一种逃避主义，但我清楚地明白，现在的我更加勇敢，更加坚强，这份笃定的获得算是博士求学过程中的必经之路吧。

二、与"珍宝"相爱

我在东大校园里认识了我现在的女朋友，也是将来的妻子。她温柔、美丽又处处为我着想。她行事比较低调，我本来在学位论文的致谢中有一部分单独感谢她，在帮我校稿过后，女朋友要求我把那部分删掉，将她作为家人一并致谢。这些年我们互相陪伴、互相鼓励，两个人既有很多共同的话题也有互补之处。我们去看山、看海，畅想未来，一起学习，一起做规划……她毕业之后去了另一个城市，在2020年疫情暴发之前我会挪出周末时间往返于两个城市之间。热恋中的两个人短暂的分开与想念是很奇妙的事，有时我在离开南京的列车上就开始过于着急地体会再次的分别。好在如今我们可以通过微信一直保持着顺畅联系，不需要感叹"车，马，邮件都慢"。

不知道是在哪里看到的一句话，大致意思就是有些人和事会让你视若珍宝，珍惜到不会轻易向别人提起。关于另一半我就先写这么多。

三、与"生命"相悟

我所在的院系是生命科学与技术学院，之前叫作生命科学研究院，在这里待了这么多年，确有必要说一说关于生命的一些感悟。因为专业是研究这个，所以或多或少会多了解一些，可惜学业不精不能大谈特谈，只能随意说说感慨。随着阅读的增多和实验经验的积累，我并没有觉得对生命理解得更透了，而是更敬畏了。生命不是机械，更不是目前人类科技拼拼凑凑就可以创造出来的，而是一系列"巧合"累积出来的结果。这样的巧合铸就了我们每一个人，每一个生命。生命来到这个世界上纯属小概率事件，是值得感恩的，感恩父母给予了我们生命，感恩祖先们的坚强，同时我们还要庆幸有这样的一个星球可以承载生命。我们降临到这个世界上，都有属于自己的旅程，去成长，去冒险。人类文明几千年，尚且能够按照可以理解的跨度去想象一二，而最早的生命诞生于30多亿年前，在这样的跨度下我就直接放弃思考了。

我在东大就是用这我认为很长而实际也很长的时间，去尝试把这几十亿年累积出来的一小部分事情理理清，理理顺，弄弄清楚，当然最后也没弄清楚什么，用戴建业老师的话说，和陶渊明种豆子差不多，每天"晨兴理荒秽，戴月荷锄归"，最后还是弄得个"草盛豆苗稀"的结局。在东大求学的这段时间让我更加真切地接触了科研，感悟了生命。

四、与母校同行

在实验室待了有些年头了，目送师弟师妹一茬又一茬地入学，一届又一届地毕业。即将毕业的我和同龄人相比，缺少工作经验和社会经验，还有很多事情需要去学习。一开始以为要离开的时候会像本科毕业那会儿留念校园，随着时间的推移，发现只是会越来越羡慕和嫉妒已经毕业的同学，想赶紧创造新生活为家里减轻负担。或许只有到了真正离开才会想念吧，就像离开家乡后才会去想念家里的一切。

　　我不太会说赞美和留念学校的话，东大是我的标签之一，回报母校最好的方式便是拥有自己精彩的事业和生活，以踏实的工作为学校赢得赞誉。在此祝愿东大和我在未来乘风破浪，不畏质疑，不愧荣光。

作者为东南大学生物学专业 2022 届博士毕业生

2021 年，我与外婆。在外求学的日子她一直牵挂着我

在东大遇见更好的自己

◎ 胡　蝶

又一载春华秋实，又一年栉风沐雨，转眼离开东大校园已快三年，在母校即将迎来一百二十岁生日之际，回忆在东大度过的美好岁月，好像刚刚发生在昨天。母校于我，是追梦的起点，是不断前行的动力，更是记忆深处的那片白月光。

初见东大，惊艳于她的古朴唯美。中央大道旁参天的梧桐、雄伟的大礼堂、典雅的涌泉池、千年古树六朝松，这是陪伴过无数东大人最熟悉的风景。春去秋来，寒来暑往，东大独树一帜的美丽一直刻在我的心间，每当音乐列表中的东南大学校歌响起，每一个值得纪念的日子都随着歌声重现。

有趣的灵魂

为了让研究生生涯更有意义，我决定要大胆尝试，勇于突破自己。当学院研究生会公开竞选主席时，我毫不犹豫地递交了申请表，虽然内心还是有些纠结与忐忑，但当我成为主席时，更多的是对未来学习生活的憧憬与向往。任职期间我认识了一群志同道合的小伙伴，我们一起筹备学院运动会、组织摄影比赛、参加校庆活动、举办迎新晚会，虽然大家都有学习和科研压力，但我们好像有用不完的精力和热情，与一群有着一样目标的人在朝着同一个方向奔跑，是一种无法言说的美好体验。在东大我们收获的不只是知识，还有能够相互鼓励、一路陪伴的挚友。

最美的邂逅

东大每年都会举办"善言青春"研究生辩论赛，我在东大与辩论赛的相遇注定是一次最美的邂逅。还记得在刚刚拿到比赛通知后，我内心紧张而不安，因为我并没有参加辩论赛的经验。但是在学院老师的鼓励和队友的帮助下，我参加了辩论队的专题课程和读书会，通过观看经典辩论视频、学习辩论理论和技巧，我的逻辑推理能力和表达能力得到了提高。和其他学院相比，我们的优势并不明显，但在团队的共同努力下，我们辩论队在当年比赛中打破了学院的最好成绩的纪录，拿到了全校辩论比赛第二名。从一开始的接触到后来的喜欢，从喜欢到热爱，辩论成了我的爱好、我的生活。因为辩论，我养成了在生活中勤于观察、思考、学习的好习惯，并勇于尝试接触不同的事物。因为辩论，我们都变成了更好的自己。

2018 年 4 月参加东南大学第 60 届学生运动会开幕式，留下青春最美好的样子

永远的牵挂

在东大求学的三年，我不仅加深了专业知识的学习，也学到了思考问题的方法，提升了处理问题的能力。在学院优秀党建文化的熏陶下，我逐渐明确了自己的人生理想和发展目标。2018 年 5 月，我成了一名共产党员，并通过 2019 年江苏省名校优生选调计划，成了一名基层选调生。2019 年 6 月，母校为所有赴基层就业的毕业生准备了出征仪式，并给基层毕业生寄语："同学们，分别意味着各自的出发。飞得再高，母校是你们永远的家；走得再远，你们是母校永远的牵挂。"我对这句话至今仍印象深刻。一百二十载风雨兼程，母校关怀备至，在每一个东大学子的心中，都是无法淡忘的记忆。

东大的人、事和经历，都是我成长过程乃至一生中弥足珍贵的财富。毕业至今，我积极适应基层的环境和生活，学习各项业务知识和专业技能，尽管工作繁重辛苦，难免会遇到困难和挑战，但既然选择了将自己的青春热血抛洒在基层一线的热土，我会一如既往地秉承着止于至善的校训精神，向下扎根，向上成长，散发出属于自己的光和热。

感恩母校培育，祝愿这孕育美好与希望的东大校园，永远蓬勃，薪火相传。

作者为东南大学生物学专业 2019 届硕士毕业生

现就职于江苏省常州市卫生健康委员会

我在东大生物追光

◎ 刘晓旭

记得第一次进生科院，从侧门走进李文正北楼，推开门就有凉气袭来，走过一楼走廊，来到正门处，侧边楼梯到二楼便是了。从实验室门口看进去，一位位身穿白大褂的年轻人，操作着各种精密仪器、器皿与试剂，朴实的白墙，处处流露着严谨与质朴。

看到这幅动人的场景，我被触动了，我之前的研究方向涉及实验很少。这是鼓舞，是力量，是从心底滋发出的冲动，我终也如梦一般加入了 Lin-Luo Lab，在林承棋、罗卓娟教授伉俪的教导下，还有一群志同道合的伙伴与我结伴同行在这热爱的领域，壮哉！

犹记得博一时参加新生晚会，演唱了《夜空中最亮的星》，身边伙伴们手中拿着发光的星星起起落落，谢幕时我们齐声道"所有人都是浩瀚科研天际中最亮的星"。这首歌总能给我心中注入强大的力量，科研路途，道阻且长，面对一次次实验失败，我们生科人怀揣着梦想，脚踏实地，不曾有过放弃。转眼已是博三的学生了，我依旧保持着"历经千帆，归来仍是少年"的心态。在实验室的每天都很有规律，科研虽然紧张，也要平衡

求索——书页里散落的光芒

与生活的关系。学院每年都会组织趣味运动会，大家便早早在实验室商量对策，如何又快又好地完成每个项目，嬉笑与运动缓解了日常的紧张氛围。我们在组会上舌战群儒，实验中精耕细作，写作时字斟句酌，生活中友爱团结，看似重复的每天、每周、每月、每年，实则循序渐进地思考，一点一点地深入与推敲，一滴一滴地积累与沉淀，生科人在时刻努力着。

2021年东南大学建校119周年校庆期间，生科院举办了生物学科一百周年诞辰纪念，为秉志先生与蔡翘先生的铜像落成揭幕。秉志先生1921年创建了我国第一个生物系，蔡翘先生是中国生理科学的奠基者之一，先生们留下的光，一直照耀至今，是引领青年的光。在东大的生活，我一直被熠熠塔光照耀。我接手第一个课题时困难重重，无论是生物学知识还是计算机语言逻辑，我都有着很大的欠缺。我在硕士期间取得了丰硕成果，这给了我极大的自信，但现在一次又一次解决不了问题，一次又一次找错突破口，我自信扫地，感到灰头土脸，只得闷声钻研。有一天林老师带我们到南京国际博览会议中心参加"中国细胞生物学学会"，我听不懂台上教授的报告，更无法融入周围的讨论，"仰俯环顾，大昏迷雾"，我觉得像是走错了房间，只有我不属于这个会场。我低声和老师说着，不懂的太多太多了，上手的太慢太慢了。相对于我的急躁，林老师只是平和地回复："你是学生，是来我这里学习的。"对于急于求成的学生而言，缺的正是这样的耐心与认可。

"青山座座皆巍峨，壮心上下勇求索。"这困难重重的第一个课题，后来是罗老师手把手地带着我做，每一步分析的细节，每一个参数设定的依据，每一个结论的推导，哪怕我的分析推导错了方向，罗老师也总是先表扬，再说出她的想法，最后问我："你觉得呢？"

科研的探索似汪洋中的航行，学子既有"长风破浪会有时，直挂云帆济沧海"的雄心，也有"海到无边天作岸"的迷茫，先生们则给了我们"灯塔长明不冻港，层楼今为海员开"的指引。

在东大生科院里，我只是那看见光、追随光，希望能成为光、散发光的一员，能在这里朝益暮习，幸哉！

作者为东南大学生物学专业 2020 级博士生

我是"夏老师"！

◎ 夏　林

　　我是生命科学与技术学院的一名青年教师，有幸于 2017 年加入东南大学生科院。5 年的时光转瞬即逝，在东大生物学的日常生活就像一颗颗珍珠，沉淀在记忆深处。

　　第一天到院里上班，来到李文正楼——东大生物的"大本营"，我既拘谨又不安，只想偷偷地走到工位开始工作！哪里想到，刚走进李文正楼北 241 室的房门，就有两位同学迎面走来，突然喊了一声"夏老师"。我愣在了原地，不知道在叫谁，过了好一会儿才缓过神来，想起这是我们课题组的两位同学，昨天开会时导师介绍过的。接着这两位同学穿过眼花缭乱的实验台，把我这位"夏老师"带到了工位上，我开始了崭新的工作！

　　5 年后，两位同学已经毕业奔赴工作岗位，"夏老师"也早已适应学院工作，只是当年的这一声"夏老师"依然深深地留在记忆深处，这一声"夏老师"使我开始了由学生向青年教师的转变，让我认识到了身上肩负的职责！

　　2018 年 4 月，生科院运动会如期举行，作为一名"新人"，我作为主力被选入教职工代表队。运动会的项目设置以趣味活动为主，期望全院师生在紧张的工作之余能够放松身心。整整一个上午，我都在参加"平移乒乓球""趣味投篮""自行车慢骑"等各种各样的项目，玩得不亦乐乎！拔河项目开始了，教工代表队要选拔队员，我院女职工较多，可选范围有限，我作为为数不多、看似身材魁梧的男老师，很荣幸地被选拔为头号选手。比赛开始后，面对着学生队"如狼似虎"的小伙子们，尽管我们全体教工队员个个毫无保留，奋力挣扎，都拿出吃奶的力气，最后还是被硬生生地拖过了红线！

比赛虽然输了，但是"夏老师"作为头号选手的好名声却保留下来了，每次运动会都被选为教工拔河队队员！5年过去了，回想起这一次次的学院运动会，它让我真正接触到了我们学院活泼可爱的学生们，让我融入了全院师生这个温暖有趣的大家庭！

在东大生物的点点滴滴，数不胜数，在此仅摘记二三小事，作为纪念。祝愿东大生物前路辉煌！

科海探索，乐在其中

作者 2017—2020 年为东南大学生物学博士后

现就职于东南大学

在东大生物前行

◎ 杨多霞

　　我是东南大学生命科学与技术学院生物学专业 2018 级的一名硕士毕业生，感谢学院老师给予我在 120 周年校庆之际分享自己三年东大校园生活点滴的机会。三年以来，从考研备战到踏入社会，其间遇到的老师和同学都给予了我太多前行的力量。

　　研一生涯中，我的专业课程学习、科研工作和课外活动填满了所有日程。全英文的"分子生物学"课程像跟自己对着干一样，做笔记、看 PPT 再加请教舍友，却仍然没有办法像优秀的舍友那样做到看图能说话。但当实验有结果发自内心感到开心时，实验间隙大家互开玩笑时，实验结束踏着月色晚归宿舍时……现在想来都是生命中闪亮的时刻。

　　在这些日子中，孟珠师姐让我看到了热爱的力量——她是一个从早上 8:30 进入实验室到晚上 12 点才离开的人，她在去做实验的路上都会在想：还可以用哪些实验来丰满自己的课题。她对科研的热情是我在其他人身上从未见过的。

　　学习之余，我利用假期报名参加了一些志愿者活动，研二参加了领航研习营，疫情期间参加了"至善云端"线上志愿者活动。我有幸去浙江台州调研选调生学长的日常生活，想通过这短短的几天了解自己是否适合去基层工作，最后我发现唯有热爱方能耐得住基层的琐碎日常。在为期数月的"至善云端"线上志愿者活动中，我为来自云南省南华县思源实验中学的小朋友补习英语，这其中我最大的感受是，自己付出的一些微不足道的努力就能够为他人带来很大的收获，志愿者服务真是一件双赢的好事！

经师易得，人师难求。对于一个刚步入研究生生活，在择业十字路口徘徊的学生来说，老师在成长的路上扮演着亦师亦友的角色。而我在求学路上遇到了恩师耿俊华老师。依旧记得自己刚进实验室时，由于本科时没有接触太多分子实验，耿老师会一步一步耐心地教我做分子克隆，每一步都会给我讲实验原理、注意事项；当实验不顺利时，耿老师总会鼓励我。"发现问题—分析问题—解决问题"的科研思维也是耿老师教会我的。在择业

感恩学院给予我自信谦卑、行稳致远、进而有为的力量

迷茫期，耿老师向我分享自己的择业经历，他赠予我这么一句话："如果你不想从事这个行业，就不要再碰了；如果你真的想做一件事，那就朝着这个方向去，只要前进，终会抵达。"

听了耿老师的这番话，我在毕业之际的众多选择面前，首先成了一名"西部计划"志愿者，我到贵州省盘州市普古彝族苗族乡的党政办、交通管理站等部门服务了四个多月。志愿者的工资每月只有2100元，乡镇里没有电影院、烘焙店和健身房，宿舍没有独立卫浴，只有一张潮湿而变形的桌子，窗户年久失修玻璃已经破碎……我帮助当地政府核实申请茅台奖学金学生的家庭情况，深切感受到了寒门学子力求上进、努力奋斗的坚韧精神，感受到在为别人做力所能及的事情时，也会给自己带来无限的正能量。在这段独特的西部计划志愿者经历中，我锤炼出了自己的抗压能力，它成为我今后工作的一种能量。

三年研究生生涯的所得远不止这些，一路上遇到的给予我指导的耿俊华、谢维等老师，帮助我成功上岸的徐陇生师兄、实验室的孟珠师姐等兄弟姐妹，他们都是我成长路上的良师益友。在此感谢三年来学院各位老师全心全意的教诲，感谢各位学友们的真诚友善的陪伴，祝愿母校的光荣历程更辉煌，人才辈出代代强！

作者为东南大学生物学专业2021届硕士毕业生

现就职于江苏先声医学诊断有限公司

向阳而生

◎ 金思慧

"能考上吗?"

"不知道,但我想考上,我无论如何都想考上!这样一来,我或许就能看到未曾见过的光了。"

……

四年后回头望去,还是觉得我当初的选择是正确的。

东南大学对于迷茫的我来说,就像是沙漠中为迷失的旅人指明方向的指南针,就像是海洋里为溺海的船员抛出的救生圈,让人拥有了清晰的方向和努力的理由。在蝉鸣的八月里,为了能申请到参加东大生命科学与技术学院的夏令营资格,我提交了精心修改的简历和报名表,摁下"提交"的那一刻,我仿佛释放了所有不安和忐忑的情绪。当夏令营的名单贴在官网上时,我觉得好像离东大更近了一步,哪怕路程还很遥远。

初次来东大的感觉就是——东大真的好大啊!

沿着外墙一圈又一圈,只看见绿色的枝叶和每隔几米就出现的校标。南门口成排的梧桐遮住了八月毒辣的太阳,给我焦躁的心也带来了一份阴

此处花最浓

凉和心安。碧绿的大喷泉，古老的大礼堂，这些在我眼里都瞧着新鲜。为期三天的夏令营，每位老师都介绍了自己的实验室和科研方向，他们亲切地解答我们所有的疑问，同时也期待明年能够顺利地与我们重逢。此后我对接下来要走的路更加坚定和执着了，一切都在朝着我期待的方向发展。从查询到初试好成绩的欣慰，到复试通过的激动，我知道我有了一个新的身份，我终于成为东大莘莘学子中的一员……

时光荏苒，我对东大曾经的悸动如今早已褪却为平静，更多的是身为东大生科院一员的责任感和使命感。研一时学院安排了很多专业基础课，我首次接触到全英文授课和考试，快节奏的学习生活让我忘却了初入学的自由，转身投入新的战役。学习、科研和社团，在这三者中我领略到了新天地和新视角。随着年级的增长，我的生活重心逐渐转移到了科研，我的心态也发生了很多变化，逐渐明白科研不顺利是常态，科研之路比想象中要辛苦很多，课题的每一次推进都是生活给我的惊喜。每当我疲惫不堪时，只要想起初识东大的那种心动，就会立马提起干劲、打起精神！更加重要的是，这四年里相伴的有良师也有益友。实验室组织的每次集体活动都在提醒着我，科研之后还有生活。一个人的科研之路总是孤独和痛苦的，当有人与你并肩战斗时，便多了几分看风景的心情和坚持下去的勇气。

"但凡辛苦，皆是礼物。"那束光带领我走进了东大，而我也努力靠近光，追随光，成为光，散发光……

作者为东南大学生物学专业 2020 级博士生

致 青 春

——东南大学"百年生物"学科发展历程有感

◎ 钱进军

四牌楼承丁家桥，江左文枢江水流。

梅庵东南臻至善，国立中央翘鳌头。

六朝松柏青垂范，百年秉志意不朽。

遗传发育探机制，细胞分子解缘由。

无穷奥秘脑寰宇，有律基因调控轴。

桃李成蹊报春晖，德艺双馨攀上游。

怀谢良师维系远，海聚俊才续春秋。

生命科学泽天下，中流击水浪遏舟！

壬寅年甲辰月辛卯日（2022年4月8日）于南京

作者为东南大学遗传学专业2017届博士毕业生

现就职于南京中医药大学

岁月留影

2001 年 11 月，东南大学校长顾冠群（左一）与时任第十三届国际组织相容性联合会"HLA 表达与肿瘤"执行主席 Soldano Ferrone 博士（Roswell Park 肿瘤研究所免疫学部主任）一起考察东南大学遗传中心

2003 年 5 月，东南大学党委书记胡凌云（中）调研发育与疾病相关基因教育部重点实验室

2010 年 6 月，东南大学党委副书记左惟（前排右三）指导生命科学研究院
"十二五"发展规划

2010 年 11 月，东南大学校长易红（中）指导"发育与疾病相关基因"教育
部重点实验室评估

2011 年 9 月，东南大学党委书记郭广银（左二）调研生命科学研究院

2012 年 12 月，东南大学副校长浦跃朴（前排中）调研生命科学研究院并参加迎新年茶话会

2013 年 3 月，东南大学常务副校长胡敏强（左三）莅临生命科学研究院调研

2017 年 4 月，东南大学原校长韦钰在我院承办的"儿童认知与脑功能障碍"分会 2017 学术年会上做报告

2019 年 5 月，东南大学常务副校长王保平指导"发育与疾病相关基因"教育部重点实验室年会

2019 年 6 月，东南大学校长张广军（左二）主持生命科学与技术学院成立论证会

2019 年 10 月，东南大学党委书记左惟（左）和中科院院士饶子和共同为生命科学与技术学院成立揭牌

2019 年 12 月，东南大学副校长刘攀（左）指导生命科学与技术学院党政班子民主生活会

2021 年 12 月，东南大学副校长邱海波走进生命科学与技术学院教师党支部讲授主题思政课

2022 年 3 月，东南大学校长黄如（中）调研生命科学与技术学院

2019 年 10 月，东南大学生命科学与技术学院揭牌仪式暨生命科学研究院成立十周年

2016 年 5 月，诺贝尔生理学或医学奖获得者、美国细胞生物学家兰迪·谢克曼教授来我院进行学术交流

The SEU-Monash Joint Research Symposium on Biomedicine and Biomedical Engineering
2015.11.19.

2015 年 11 月，我院与澳大利亚蒙纳士大学联合开展课题研究和研究生培养

东南大学省部共建"发育与疾病相关基因"重点实验室专家论证会

2003 年，东南大学省部共建"发育与疾病相关基因"重点实验室专家论证会

加拿大多伦多大学专家代表团来我院举办学术报告会

2021 年 6 月，隆重举行生物学科 100 周年诞辰纪念活动——秉志先生、蔡翘先
生铜像落成揭幕

2019 年 10 月，成功举办中国生命科学院院长论坛

2012 年 10 月，段树民院士受聘我校兼职教授并做学术报告

博士生导师韩俊海教授指导学生
实验

2012年，生命科学研究院直属党支部获东南大学"先
进基层党组织"称号

2004年5月，我院承办江苏省发育生物学学会成立大会

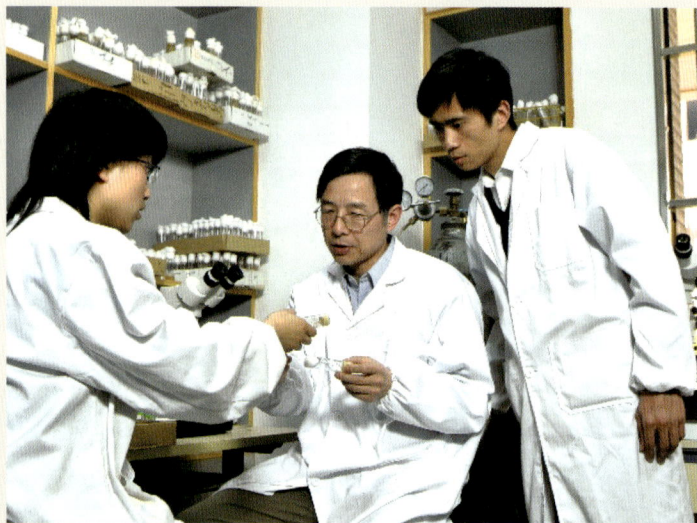

谢维教授领衔的科研成果荣获教育部 2019 年度高等学校科学研究优秀成果奖（自然科学）二等奖

柴人杰教授荣获 2021 年"树兰医学青年奖"，他所领导的课题组合作论文被 *Cell* 正刊评为 2020 年度最佳论文

1909 年，秉志成为第一届庚子赔款官费留学生，赴美国康奈尔大学留学

解放初，蔡翘和同学们在生物学馆前席地畅谈

蔡翘（前排左二）20世纪20年代初在美国芝加哥大学与同学合影

1986年南京铁道医学院教师合影

王世浚教授（右一）指导学生

20 世纪 90 年代的研究生论文答辩会

2020 生科一家亲

"发育与疾病相关基因"教育部重点实验室所在地——四牌楼校区李文正楼

2020 年生命科学与技术学院生命科学和生物工程专业首届本科新生军训留影

2017 年 11 月，党员赴高淳新四军纪念馆开展重温入党誓词活动，
直属党支部书记邱振清（左一）领誓

多彩校园

院工会组织的一次市郊远足

青年教师与学生促膝谈心

学生参加校运动会奋力奔跑

实验室开放日活动吸引众多小朋友参与

2008 届生物工程本科生毕业合影

2009 届生物工程本科生毕业合影

2010 届生物工程本科生毕业合影

2011 届生物工程本科生毕业合影

2012 届生物工程本科生毕业合影

2013 届生物工程本科生毕业合影

2014 届生物工程本科生毕业合影

2015 届生物工程本科生毕业合影

2016 届生物工程本科生毕业合影

2017 届生物工程本科生毕业合影

2018 届生物工程本科生毕业合影

2019 届生物工程本科生毕业合影

2020 届生物工程本科生毕业合影

2021 届生物工程本科生毕业合影

2010 届研究生毕业合影

2011 届研究生毕业合影

毕业合影

2012 届研究生毕业合影

2013 届研究生毕业合影

2014 届研究生毕业合影

2015 届研究生毕业合影

东南大学生命科学研究院2016届毕业研究生合影留念
2016.6.13. 东南大学

2016 届研究生毕业合影

东南大学生命科学研究院2017届研究生毕业合影留念
2017年6月于东南大学

2017 届研究生毕业合影

东南大学生命科学研究院2018届毕业生合影
于南京 2018年6月

2018 届研究生毕业合影

东南大学生命科学研究院二〇一九届研究生毕业合影
2019.6

2019 届研究生毕业合影

毕业合影

东南大学生命科学与技术学院二〇二〇届研究生毕业合影 2020.6

2021 届研究生毕业合影

毕业合影

东南大学生命科学与技术学院二〇二二届研究生毕业合影   2022·5·31

2022 届研究生毕业合影

后记

　　东南大学生命科学与技术学院"百年生物"纪念文集——《传承·启航》终于与大家见面了，这是在去年学院编印的院史宣传册基础上增补、修订而成的。文集包括学科历程、学科人物、学科故事、生物情缘以及岁月留影等五个部分。这些文字和图片记录了东南大学生物学学科艰难创业的历程，汇聚了几代生物学人的不同风采。

　　文集是院内同仁及校友共同努力和院外朋友各方面支持的成果。2021年学科带头人谢维教授与学院主要领导一同亲赴北京拜访中科院动物所的有关领导和秉志、蔡翘两位先生的家人，获得了非常珍贵的历史资料；翟启慧教授欣然将自编的《家世传承》一套书赠予学院；蔡雪丽女士亦慷慨将蔡翘先生生平有关资料送交学院；学院部分青年教师和研究生积极参与撰稿、编辑、校核，承担了许多辛苦、烦琐的工作；2022年，学院办公室吴志龙等老师广泛发动校友，征集了许多校友回忆校园生活、展示事业发展的精彩文章，由于篇幅有限，编审组选用了其中一部分；学校相邻相近的兄弟单位，如医学院、公共卫生学院、生物科学与医学工程学院和中大医院，给了我们许多的支持；东南大学校史研究室刘云虹主任、东南大学档案馆肖太桃研究员等，在校史材料搜集和档案利用方面给了我们悉心指导和热心帮助。在此一并致以诚挚的谢意。

2021 年校庆期间，学院举办东南大学生物学科创立 100 周年系列活动，为秉志先生、蔡翘先生塑立铜像，同时把我们的学科史、专业史做了一个认真的梳理。今天这本文集得以出版，让我们感到欣慰。

东南大学的生命科学发展源远流长，未来的学科建设任重道远。这本文集作为学科建设和专业发展的资料性的总结、回顾，还只是一个初步的成果。我们期待师生们用自己的创造，不断丰富东南大学生命科学的历史，讲出更多属于我们这代人生命科学的新故事。

东南大学生命科学与技术学院党委书记　洪宗训

东南大学生命科学与技术学院院长　韩俊海

2022 年 4 月 25 日